目次

JN096413

1　社会のなかの私たち

ポイント整理　教科書をみて当てはまることばを書いてみよう…………

/12問

A　社会と個人のあり方

(1)　私たちはこの世界で1人で存在するのではなく，たいていの場合，①＿＿，地域，国家など集団や社会の一員として生まれてくる。

(2)　私たちは，自分の生まれてきた集団や社会の言葉，しきたり，伝統，②＿＿，宗教などを引き受けて，自己を確立していく。

(3)　青年期をむかえると，自己の価値観をつくり，③＿＿＿に周囲や社会を見ることができるようになる。

(4)　私たちは社会のなかで育てられる「④＿」であるとともに，その社会は個人がつくるものでもあるため，私たちは社会の「⑤＿」でもあるといえる。

(5)　アリストテレスは「人間はその自然の本性（ほんせい）において⑥＿＿（ポリス）をもつ動物である」と述べている。

B　公共的な空間とは何か―個人の尊厳と尊重

(1)　⑦＿＿＿な空間では，人々の間に起こる共通の課題や関心事（かんしんじ）をめぐって，平等な対話や討議（とうぎ）などの⑧＿＿＿＿＿＿＿＿＿＿が成立する。

(2)　社会を形成する個人は，各人が⑨＿＿をもつものとして，互（たが）いに尊重されることが社会を形成するうえで必要となる。

C　社会に参画する自立した主体

(1)　主体的に社会に参画（さんかく）し，⑦な空間を形成するということは，単に他者やマスメディアの論調，⑩＿＿などと同調することで調和を保つことや，他者からの命令や指示に無批判（むひはん）に従うことではない。

(2)　私たちは，自らの選択や判断の基準を手がかりに，⑪＿＿してものを考え，そうして導（みちび）いた自分の意思や考えを公然（こうぜん）と伝えることが必要である。

①
②
③
④
⑤
⑥
⑦
⑧
⑨
⑩
⑪
⑫

「公共的な空間」とは？

次の空欄に当てはまることばを書きなさい。

公共的な空間

社会に共通の課題や関心事に対して …

誰もが自由に議論・行動できる

社会に共通の課題・関心事

誰もが社会の形成に（　⑫　）できる

2　日本の文化と社会

ポイント整理　教科書をみて当てはまることばを書いてみよう…………

／14問

A　日本の風土と文化

(1)　日本は四季の変化に富み，山河の自然に恵まれた環境のもとで①＿＿を中心とした社会を営んできた。

(2)　倫理学者の和辻哲郎は，自然に対する態度に着目し，日本人の国民性を受容的で②＿＿＿であると述べた。

(3)　古代の日本人は，自然界のさまざまな事物や現象に備わる不可思議な霊力を，「③＿＿＿＿」として崇め敬った。

(4)　神々の意にかなうためには，自分のことしかかえりみない汚い心を捨て，うそ・偽りや隠しごとのない開かれた清き明き心，すなわち④＿＿＿をもつ必要がある。

(5)　共同体を危険にさらす行いは⑤＿＿とされ，汚穢がもたらすケガレとともに，祓や禊の対象とされた。

B　日本人の生活と信仰

(1)　現代の日本人の暮らしには，宗教的な背景をもつさまざまな年中行事や⑥＿＿＿＿が織りこまれている。

(2)　正月は⑦＿＿を招き入れ，1年の安泰と繁栄を祈願する。先祖の霊をむかえるお盆は，日本の⑧＿＿信仰と仏教の先祖を供養する儀式が結びついた行事である。

(3)　年中行事が営まれる日は⑨＿＿とよばれ，土地の特産品を用いて，神々や先祖，親類縁者をもてなす特別な料理が饗される。

C　伝統から生まれる新たな文化

(1)　茶の湯をわび茶として大成した千利休は，道具に新たな価値を与えて楽しむことを「⑩＿＿＿」とよんだ。

(2)　一見素朴に見えるもののなかに力強い生命力や深い精神性を見いだす美意識を，「⑪＿＿」という。

(3)　⑪の美意識は，和歌や能で培われた⑫＿＿の美に連なるものである。

①
②
③
④
⑤
⑥
⑦
⑧
⑨
⑩
⑪
⑫
⑬
⑭

日本の年中行事

次の空欄に当てはまることばを書きなさい。

1月	正月	初もうで	7月	（　⑭　）	牽牛・織姫伝説
2月	（　⑬　）	豆まき	8(7)月	お盆	先祖供養
3月	上巳	雛祭り	9月	重陽	菊の節句
5月	端午	菖蒲の節句	12月	大晦日	除夜の鐘

3 青年期とは

ポイント整理 教科書をみて当てはまることばを書いてみよう…………

/14問

A ライフサイクルのなかの青年期

(1) 私たちは誕生から死にいたるまで, ①＿ ＿し続けながら生きている。

(2) 一生のいくつかの段階（発達段階）を経過する過程を, ②＿ ＿＿ ＿ ＿ ＿ ＿（人生周期）といい, 子どもからおとなへの過渡期である③＿ ＿ ＿も, その1つの段階としてとらえることができる。

B 青年期の特徴

(1) 青年期には④＿ ＿ ＿ ＿ ＿があらわれ, 身体的な男女の特徴の差異が明確になり, 精神面においても大きな変化があらわれる。

(2) 青年期には, 親だけでなく社会やさまざまな権威に対して反発する傾向（⑤＿ ＿ ＿ ＿ ＿）や, 親から精神的な自立を求める傾向（⑥＿ ＿ ＿ ＿ ＿）がみられるようになる。

(3) 青年期には, 他者とは異なる唯一の存在としての自己を意識するなかで, ⑦＿ ＿にめざめる。

(4) フランスの思想家⑧＿ ＿ ＿は著書『エミール』のなかで, 青年期を, 青年が自分自身の生き方にめざめ, 「人間」として生きていくことをはじめる「⑨＿ ＿ ＿ ＿ ＿」であると表現した。

C モラトリアムとしての青年期

(1) アメリカの心理学者⑩＿ ＿ ＿ ＿ ＿は, 経済用語であるモラトリアムという語を青年期の位置づけを説明するのに用いた。

(2) 青年期は, 成人としての社会的な責任や義務が免除され, 心理的, 社会的に自己形成をとげることが社会から期待される⑪＿ ＿ ＿ ＿ ＿ ＿ ＿ ＿ ＿ ＿ ＿の期間である。

(3) 心理学者の小此木啓吾は, モラトリアムを自らの特権とみなし, あえてモラトリアムの状態にとどまり, 社会的責任から逃れ続けようとする青年を⑫＿ ＿ ＿ ＿ ＿ ＿ ＿ ＿と表現した。

青年と社会集団

次の空欄に当てはまることばを語群から選びなさい。

・「第二の誕生」の時期はおとなでもなく子どもでもない, その境界にあることから, 青年を（ ⑬ ）（周辺人, マージナルマン）と表現することもある。

・就職後も親と同居し, 経済的に依存しながら, 自身の趣味などを優先する未婚者は（ ⑭ ）とよばれることがある。

語群 パラサイトシングル 八百万神 サブカルチャー 境界人

①
②
③
④
⑤
⑥
⑦
⑧
⑨
⑩
⑪
⑫
⑬
⑭

4 自己形成の課題

ポイント整理 教科書をみて当てはまることばを書いてみよう…………

／14問

A 青年期の発達課題

(1) 乳幼児期においては，歩く，言葉を話す，排泄をするなどの達成すべき課題があり，これを①＿＿＿＿という。

(2) エリクソンは青年期の ① を，②＿＿＿＿＿＿＿＿＿（自己同一性），つまり「自分が自分である」という自己意識の確立とした。

B 適応と不適応

(1) 人間にはさまざまな③＿＿があり，活動の原動力となっている。

(2) アメリカの心理学者④＿＿＿＿は，人間の欲求が5つの階層からなり，生存に必要な低次元の欲求から，生きる意味にかかわる高次元の欲求へと発展的に追求されることを説明した。この説を⑤＿＿＿＿＿という。

(3) 個人の欲求の実現が他者や周囲の環境と調和のとれた関係に保たれている状況を⑥＿＿という。

(4) 欲求を満足させるために外部の環境に働きかけたり，自身が周囲に適合するように変化したりすることを⑦＿＿＿＿という。

(5) 欲求が常に満たされることは難しく，⑧＿＿＿＿（フラストレーション）の状態や2つの異なる欲求にはさまれ，心理的に身動きのとれなくなる⑨＿＿の状態におちいることもある。

C 防衛機制

(1) オーストリアの心理学者⑩＿＿＿＿は，無意識が与える影響を研究し，人が ⑧ や ⑨ の状態におちいったときに自我を守るために働く心理的なメカニズムを⑪＿＿＿＿（防衛反応）とよんだ。

(2) ⑪ のうち，失敗を正当化するための理由づけをすることを⑫＿＿＿＿という。

D 個性の確立

(1) 自己のあり方を追求することは，自分の個性や⑬＿＿＿＿＿＿＿（人格）の形成とも関連してくる。

①
②
③
④
⑤
⑥
⑦
⑧
⑨
⑩
⑪
⑫
⑬
⑭

マズローの欲求階層説

次の空欄に当てはまることばを書きなさい。

(⑭) の欲求 自らの才能を開発したい 高次元

自尊の欲求 能力を認められたい

所属と愛情の欲求 家族や集団に属したい

安全の欲求 危険を回避できていること

生理的欲求 食べたい，眠りたい，排泄したい 基礎的

5 ライフ・キャリアの形成

ポイント整理 教科書をみて当てはまることばを書いてみよう…………

／11問

A キャリア発達

(1) 人は生涯のなかで，子ども・学生・家庭人など複数の役割を同時ににない，自らの状況や判断に応じて取捨選択し，力点をかえながらさまざまな役割をはたしている。この営みを①＿＿＿＿とよぶ。

(2) 青年期においては，将来における職業人という役割を見すえながら，学生などの役割に取り組み，活動していく。こうした過程を②＿＿＿＿＿＿＿という。

B 就労への準備

(1) アメリカの心理学者ホランドは，「職業選択は③＿＿＿＿＿＿＿の表現である」と説いた。

(2) 学校活動，④＿＿＿＿＿，職業体験やインターンシップなどの社会体験を通じて，自らの興味関心がどこにあるのかを意識していくことが大切である。

(3) 職業に就くということには，⑤＿＿＿＿＿をはたし，職業的役割によって社会を支えるという，重要な目的と意義がある。

(4) 15〜34歳の非労働力人口のうち，家事も通学もしていない者を⑥＿＿＿＿＿とよぶ。

(5) 長時間労働により死に至る⑦＿＿＿が問題となっている。

(6) やりがいや充実感をもち，さまざまな役割と両立できる労働のあり方を⑧＿＿＿＿＿＿＿＿＿＿という。

C 社会参画・生涯学習とキャリア

(1) ⑨＿＿＿＿＿＿＿＿＿＿＿は，不当な性差別を解消し，男女が，社会の対等な構成員として，職場や家庭，地域での活動に参画する機会を確保する目的で制定された。

(2) 生涯にわたって，学ぶ意欲をもち，必要なときにいつでも学べる機会が準備されていることで⑩＿＿＿＿は実現される。

①

②

③

④

⑤

⑥

⑦

⑧

⑨

⑩

⑪

ライフ・キャリア・レインボー

次の空欄に当てはまることばを書きなさい。

右の図を見ると，人は生涯のなかで，複数の（ ⑪ ）を同時ににないながら生きていることがわかる。

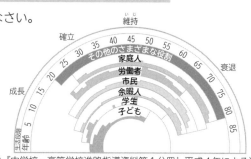

その他のさまざまな役割
家庭人
労働者
市民
余暇人
学生
子ども

成長 確立 維持 衰退

生活段階
年齢

（文部省『中学校・高等学校進路指導資料第1分冊』平成4年による）

6 社会の多様性

ポイント整理 教科書をみて当てはまることばを書いてみよう…………

/10問

A 他者とともに生きる

(1) ドイツ出身の哲学者①＿＿＿＿＿＿＿＿＿は，自らがユダ
ヤ人として迫害された経験をもち，個人を画一化する全体主義を厳
しく批判した。

(2) 性別，宗教，国籍などさまざまに異なった立場にある人々が，個
人の②＿＿を認め，多様性としていかしながら，よりよい生き方
や社会の実現につなぐことができることを _①_ は示唆した。

B 多様な性のあり方

(1) 「男女はそれぞれこうあるべき」というような，固定的な観念を
③＿＿＿＿＿という。

(2) 同性愛者・両性愛者・心と体の性が一致していない人々は，④＿
＿＿＿＿＿＿＿＿として偏見や差別の対象となることがある。

(3) 男女間の格差を是正するための⑤＿＿＿＿＿＿＿＿＿＿
＿などの取り組みに加え，_④_ に対する配慮や人権の確保が，自分
らしく生きることができる社会を形成するために課題となっている。

C 外国人・異文化との共生

(1) 在留管理制度，経済連携協定（EPA），⑥＿＿＿＿＿＿＿
＿などを通じ，労働者として日本に在住する外国人が増加している。

(2) 自民族の文化を優越的なものと見なして，他民族の文化を蔑視す
る⑦＿＿＿＿＿＿＿＿＿＿（自民族中心主義）が，深刻な対立
や争いを招くことは歴史上，多々あった。

(3) 本来，各々の民族や文化はそれぞれに固有の背景と価値をもち，
優劣はつけられないとする考えを⑧＿＿＿＿＿＿という。

(4) 異文化との共存を政策により実現していく，⑨＿＿＿＿＿（マ
ルチカルチュラリズム）をかかげる国々も見られる。

①
②
③
④
⑤
⑥
⑦
⑧
⑨
⑩

日本における外国人労働者数

右のグラフから読み取れる内容として正しい
ものを次から選びなさい。

A 2022年において，技能実習生が最多を占
めている。

B 2022年の外国人労働者数は，2011年の約
3倍である。

C 2022年のEPAによる受け入れ人数は2011
年から増えていない。　　　　（ ⑩ ）

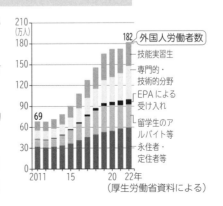

7　宗教と文化

ポイント整理　教科書をみて当てはまることばを書いてみよう…………

／14問

A　宗教とは

(1)　人間の理性だけでは，なぜ自分がこの場所とこのときを生きているのか解き明かせないことに恐怖を見いだした①＿＿＿＿は，「この無限の空間の永遠の沈黙は私を恐怖させる」という言葉をのこした。

B　世界の宗教

(1)　あらゆるものは相互に依存することによって生じ，変化し続けているという真理を，仏教では②＿＿＿＿とよぶ。この真理に無知であるがゆえ，心に執着（③＿＿）が生じて苦しむことになる。そこで，正しい修行方法をとおして真理にめざめることで，③のない安らかな境地（④＿＿）に達することができる。

(2)　キリスト教における神の愛（⑤＿＿＿＿）は無償・無差別の愛として，救いを求める人々に分け隔てなくそそがれる。人は，心から神を愛し（神への愛），苦しむ人々の隣人となって愛を実践すること（⑥＿＿）で，神の国にいたるとされる。

(3)　イスラム教では無力である人間に対して，⑦＿＿＿＿への絶対的帰依を求めることが教えの中心である。神の啓示をまとめた『⑧＿＿＿＿＿（コーラン）』には，教義の柱となる六信五行などが示されている。

C　宗教の現代的な意義

(1)　仏教には，死をむかえる人々の精神的な苦しみを緩和する，ビハーラとよばれる⑨＿＿＿＿＿＿＿を実践する施設がある。

(2)　死者を悼み，遺族の悲しみを癒す共同の作業は⑩＿といわれ，宗教がになってきた。

(3)　現代の宗教には，親しい人を喪った人々に寄り添い，心の傷を癒す⑪＿＿＿＿＿が期待されている。

①
②
③
④
⑤
⑥
⑦
⑧
⑨
⑩
⑪
⑫
⑬
⑭

世界３大宗教

次の空欄に当てはまることばを書きなさい。

宗教名	仏教	キリスト教	イスラム教
創始者	（　⑫　）（ブッダ）	（　⑬　）（キリスト）	（　⑭　）（最後の預言者）
時期	紀元前5世紀ごろ	1世紀はじめ	7世紀はじめ
成立場所	インド東北部	ローマ帝国の属領パレスチナ	アラビア半島メッカ
経典	多数の仏典	旧約聖書　新約聖書	クルアーン（コーラン）

1 社会のなかの私たち

教科書p.6〜7

□❶「人間はその自然の本性において国家（ポリス）をもつ動物である」と述べた哲学者。

□❷人間がほかの動物と異なる特性とされる，善きことをめざし，共同生活を営むための手段。

□❸ドイツ語で「Öffentlichkeit」という言葉にこめられている，誰に対しても開かれ，参加できる場。

□❹人々の間に起こる共通の課題や関心事をめぐって行われる，対話や討議。

1 （ 　　／4問）

❶

❷

❸

❹

2 日本の文化と社会

教科書p.8〜9

□❶自然に対する態度に着目し，日本人の国民性を受容的で忍従的であるとした倫理学者。

□❷ツミや汚穢がもたらすケガレを，呪術的な力で取り除く行為。

□❸カミ信仰にもとづく❷や禊などの儀礼が形成した，日本の民族宗教。

□❹現代の日本人の暮らしに受け継がれる，1年の決まった時期に行われるお彼岸などの伝承行事。

□❺日常生活をケというのに対して，通過儀礼などの行事が営まれる，特別な日。

□❻茶の湯をわび茶として大成した人物。

2 （ 　　／6問）

❶

❷

❸

❹

❺

❻

3 青年期とは

教科書p.10〜11

□❶誕生から死にいたるまで続く身体的・心理的な成長・変化。

□❷ライフサイクル（人生周期）の1つの段階としてとらえることができる，子どもからおとなへの過渡期。

□❸「イニシエーション」ともよばれる，成人など人生の節目に行われる儀式。

□❹第二次性徴の時期にあらわれる，親だけでなく社会やさまざまな権威に対して反発する傾向。

□❺第二次性徴の時期にあらわれる，親から精神的な自立を求める傾向。

□❻青年期を，青年が自分自身の生き方にめざめ，「人間」として生きていくことをはじめる「第二の誕生」であると表現した，ルソーの著書。

3 （ 　　／8問）

❶

❷

❸

❹

❺

❻

□❼青年期を成人としての社会的な責任や義務が免除されている猶
予期間ととらえたエリクソンが，青年期の位置づけを説明するの
に用いた経済用語。

□❽❼を自らの特権とみなし，社会的責任から逃れ続けようとする
心理傾向がみられるようになったと指摘した日本の心理学者。

4 自己形成の課題 ……………………………… 教科書p.12〜13

□❶心理学者マズローが説明した，人間の欲求が5つの階層からな
るとする説。

□❷個人の欲求の実現が他者や周囲の環境と調和のとれた関係に保
たれている状況。

□❸2つの異なる欲求にはさまれ，心理的に身動きのとれなくなる
状態。

□❹人が欲求不満や❸の状態におちいったときに，自我を守るため
に働く防衛機制（防衛反応）という心理的なメカニズムがあるこ
とを指摘したオーストリアの心理学者。

□❺失敗を正当化するため，理由づけをする防衛機制。

5 ライフ・キャリアの形成 ………………………… 教科書p.14〜15

□❶人がそれぞれの役割に取り組み，自分らしい生き方をつくり上
げていく過程。

□❷「職業選択はパーソナリティの表現」と説いた心理学者。

□❸やりがいや充実感をもち，さまざまな役割と両立できる労働の
あり方。

□❹不当な性差別を解消し，男女が，社会の対等な構成員として，職
場や家庭，地域での活動に参画する機会を確保する目的で制定さ
れた法律。

□❺生涯にわたって，学ぶ意欲をもち，必要なときにいつでも学べ
る機会が準備されていることで実現されるもの。

特集 多様性と包括 ……………………………………… 教科書p.17

□❶国籍や民族などの異なる人々が，互いの文化的違いを認めあい，
対等な関係を築こうとしながら，地域社会の構成員としてともに
生きていくという考え方。

□❷社会にさまざまな国籍，文化，宗教，性のあり方などが存在す
る状態。多様性ともいう。

□❸❷を受け入れさまざまな個性を尊重すること。包括ともいう。

4 （　　　／5問）

❶

❷

❸

❹

❺

5 （　　　／5問）

❶

❷

❸

❹

❺

特集 （　　　／3問）

❶

❷

❸

❼

❽

6 社会の多様性 ·········· 教科書p.18〜19

□❶人間であることの基本的な条件とは，「共通な世界に他者とともに複数で存在していること」だとした哲学者。

□❷「男女はそれぞれこうあるべき」という固定的な観念。

□❸被差別者を優遇する暫定的な措置により男女間の格差を是正する取り組み。積極的差別是正措置（アファーマティブ・アクション）ともよばれる。

□❹本来，各々の民族や文化はそれぞれに固有の背景と価値をもち，優劣はつけられないとする考え。

□❺2016年に日本で制定された，特定の民族や国籍の人々に対する差別的言動の解消を目的とした法律。

6	（ ／5問）
❶	
❷	
❸	
❹	
❺	

7 宗教と文化 ·········· 教科書p.20〜21

□❶「この無限の空間の永遠の沈黙は私を恐怖させる」という言葉をのこした思想家。

□❷民族や文化，国や地域をこえて世界中に広まっていった宗教。

□❸ガウタマ=シッダールタが説いた，あらゆるものは相互に依存することによって生じ，変化し続けているとする真理。

□❹ガウタマ=シッダールタが重要視した，生きとし生けるものに対する慈しみと憐れみ。

□❺イエスが，社会のなかでさげすまれていた人々に対して説いた，喜ばしき知らせ。

□❻全能の神アッラーの啓示にもとづいて，イスラム教を創始した預言者。

□❼神の啓示をまとめたイスラム教の『クルアーン（コーラン）』で，教義の柱とされているもの。

□❽インドに病者の最期を看取る施設（ホスピス）をつくり，イエスの説いた隣人愛を実践した修道女。

□❾身近な人を亡くして悲嘆にくれる人に寄り添い，もとの生活に戻れるよう支援する取り組み。

7	（ ／9問）
❶	
❷	
❸	
❹	
❺	
❻	
❼	
❽	
❾	

特集 人と社会 ·········· 教科書p.22〜23

□❶対立し，矛盾する2つのものは対立を乗りこえ，より高次なものへと発展するという弁証法を示したドイツの哲学者。

□❷「天地公共の理」という言葉を使用して日本の鎖国政策を批判し，当時のイギリスの議会政治が民意を尊重する政体であるとして高く評価した幕末の思想家。

特集	（ ／2問）
❶	
❷	

年　　組　　番	点数	☆ 思考・判断・表現
名前	／100点	／16点

1　次の文章を読んで，設問に答えよ。

　　人間は地域，国家などの社会の一員として生まれ，成長していく。自己の立場を確立するという（　　　）課題をもつa青年期は，社会人としてb社会に主体的に参画するための準備を整える期間であり，さまざまなc社会集団や，その背景にあるd文化の影響を強く受ける。

問1　文章中の（　　　）に入る適語を答えよ。

問2　下線部aについて，ルソーは著書『（　1　）』のなかで，「人の一生の中で，青年期は心身両面にわたる「（　2　）」の時期であると説いた。（　1　）・（　2　）に入る適語を答えよ。

問3　下線部bについて，次の問いに答えよ。

☆(1)　主体的に社会に参画し，公共的な空間を形成するとは，どういうことか。最もあてはまるものを，次の①〜④のうちから1つ選べ。

①　共同体の秩序を乱し，共同体を危険にさらすこと。

②　他者やマスメディアの論調，世論などと同調すること。

③　自立してものを考え，そうして導いた意思にもとづいて自ら行動できること。

④　就職後も親と同居して経済的に依存しながら，自身の趣味などを優先すること。

(2)　次の文章中の（　A　）・（　B　）に入る適語を，あとの①〜④のうちから1つずつ選べ。

　　（　A　）とは職業生活を基本に生涯にわたって築かれる経歴のことであり，余暇など,仕事以外の生活も含む。高校や大学などの教育の一環として職場就労体験を得る（　B　）は,生徒や学生にとって職種や業務を理解し，自分の職業上の適性を把握する貴重な機会である。

　　①　パーソナリティ　　②　インターンシップ　　③　キャリア　　④　ボランティア

問4　下線部cについて，心理学者レヴィンは2つの異なる社会集団のうち，どちらにも所属しきれない人々を何とよんだか。

問5　下線部dについて，文化の領域の1つに言語がある。人間のほかの動物と異なる特性として「言語を使って善きことをめざし，共同生活を営むこと」をあげた思想家はだれか。

2　次の文章を読んで，設問に答えよ。

　　青年期には，自分のa欲求をうまく満たせず，b不適応の状態におちいることがある。青年の多くは主体的にc自己を形成するための課題に取り組み，身体的成熟，あるいはd固定的な性別役割分業や観念である（　　　）の問題とも向き合うことになる。

問1　文章中の（　　　）に入る適語を答えよ。

問2　下線部aについて，次の問いに答えよ。

(1)　人間の欲求は右の図のような5つの階層からなるという「欲求階層説」を説いた，アメリカの心理学者を，次の①〜④のうちから1人選べ。

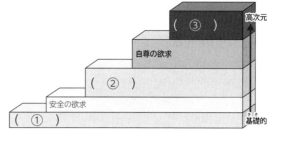

①　パスカル　　②　D．E．スーパー

③　ホランド　　④　マズロー

(2)　図中の①〜③にはそれぞれ，所属と愛情の欲求，自己実現の欲求，生理的欲求のいずれかがあてはまる。自己実現の欲求があてはまるものを①〜③のうちから1つ選べ。

問3　下線部bについて，次の問いに答えよ。

(1)　不適応の状態としてあてはまらないものを，次の①〜③のうちから1つ選べ。

①　2つの異なる欲求にはさまれ，心理的に身動きがとれなくなっている。

②　個人の欲求の実現が，他者や周囲の環境と調和のとれた関係に保たれている。

③　欲求不満（フラストレーション）の状態におちいっている。

(2)　防衛機制（防衛反応）というメカニズムを説いた，オーストリアの心理学者はだれか。

(3)　防衛機制のうち，合理化の働きとしてあてはまるものを，次の①〜④のうちから1つ選べ。

①　欲求が満たされないことを，もっともらしい理由をつけて正当化すること。

②　受け入れがたい感情や考えを，反対のものに置き換えて行動すること。

③　現在の行動や思考などから，それ以前の未熟な段階の行動や思考などに逆戻りすること。

④　自らの心のなかにある感情や気持ちを,他者がもっているものとして認知すること。

問4　下線部cについて，次の文中の（　　）に入る適語を答えよ。

　アメリカの心理学者エリクソンは，青年期の自己形成における課題を（　　）（自己同一性）の確立とした。

★問5　下線部dの解消のための取り組みに関連して，男女共同参画社会基本法はどのような目的で制定されたか。「不当」「対等な構成員」の語を用いて説明せよ。

1	問1 6点			問2	1 6点			2 6点	
	問3	★(1) 6点		(2)	A 6点		B 6点		
	問4 6点			問5 6点					
2	問1 6点			問2	(1) 6点		(2) 6点		
	問3	(1) 6点		(2) 6点			(3) 6点		
	問4 6点								
	★問5 10点								

年　　組　　番	点数	★ 思考・判断・表現
名前	／100点	／12点

★ 思考・判断・表現／無印 知識・技能

1 次の文章を読んで，設問に答えよ。

　日本は，四季折々の食材を海，山，里から豊かに得ている。そうした恵みをもたらす **a 自然** を日本人は敬い，また共に生き，**b 神仏** や **c 先祖への信仰** が食と結びつきながら，**d 独自の食文化** がこの列島で育まれてきた。日本の食文化の成り立ちは，**e 中国や朝鮮半島，そして東南アジア** などの外の文化を取り入れながら，また，近代には西欧の食文化も受容して発展してきた。その結果，世界に誇るべき，おいしくて健康的な「（　　　　）」が展開した。（農林水産省資料より）

問1　文章中の（　　　　）に入る適語を答えよ。

問2　下線部 a について，古代の日本人は，自然界のさまざまな事物や現象には不可思議な霊力が備わっていると信じ，カミ（神）として崇め敬った。この神を何とよんだか。

問3　下線部 b について，宗教行事に関する次の問いに答えよ。

(1)　説明にあてはまる年中行事を，あとの①〜⑤のうちから1つずつ選べ。

　ⅰ　歳神を招き入れ，1年の安泰と繁栄を祈願する。　　ⅱ　先祖の霊をむかえる。

　① 七五三　　② お盆　　③ 節分　　④ 正月　　⑤ 七夕

(2)　神社などの聖域に立ち入るには，祓などで（　　　　）を取り除く必要がある。（　　　　）に入る適語を答えよ。

問4　下線部 c について，祖先に対して子孫や一族の加護を祈る信仰のことを何というか。

問5　下線部 d について，茶道に関する次の問いに答えよ。

(1)　茶の湯の食事の形式をあらわす言葉を，次の①〜④のうちから1つ選べ。

　① 一汁三菜　　② 医食同源　　③ 四木三草　　④ 五穀

(2)　日本の茶道の茶道具として珍重された茶碗は，下線部 e のうちどこからもたらされたか。次の①〜④のうちから1つ選べ。

　① 中国　　② 朝鮮半島　　③ タイ　　④ フィリピン

★(3)　茶道を大成した千利休が追求した「わび」とは，どのような美意識か。「素朴」「精神性」の語を用いて説明せよ。

2 次の文章を読んで，設問に答えよ。

　a 人種や言語，生活習慣，**b 宗教** など文化の異なる人々が接する場面において，自文化を中心に考える態度を（　1　）という。これに対して，それぞれの文化は固有の価値をもち，優劣を評価することなどできないとする考え方を（　2　）という。

問1　文章中の（　1　）・（　2　）に入る適語を答えよ。

問2　下線部 a について，次の問いに答えよ。

(1)　言語を介したコミュニケーションによる了解（コミュニケーション的合理性）によってまとまる社会の領域があることを示したドイツの哲学者はだれか。

(2) 人種や言語の異なる人々との協働をめざして整備された制度としてあてはまらないものを，次の①～④のうちから1つ選べ。

① 経済連携協定（EPA）　　② 積極的差別是正措置（アファーマティブ・アクション）

③ 外国人技能実習制度　　④ 在留管理制度

問3　下線部 b について，次の問いに答えよ。

(1) 世界3大宗教のうち，次の教えを説く宗教名をそれぞれ答えよ。

A　唯一神に服従し，信仰箇条である六信や信仰行為である五行を守ることの大切さを説く。

B　あらゆるものは相互依存しているととらえ，他者によりいかされる自分を自覚することや，慈悲の心の大切さを説く。

C　唯一神を崇拝し，神の愛（アガペー）を自覚することや，神の愛を周囲の人に実践する隣人愛の大切さを説く。

(2) (1)のA～Cのうち，次のことがらに関連する宗教を1つずつ選び，記号で答えよ。

ⅰ　マザー=テレサが，病者の最期を看取る施設（ホスピス）をつくった。

ⅱ　ビハーラとよばれるターミナルケアを実践する施設がつくられている。

(3) 宗教がになってきた，死者を悼み，遺族の悲しみを癒す共同の作業を何というか。次の①～④のうちから1つ選べ。

① 喪　　② ケ　　③ 禊　　④ ハレ

★問4　文化・宗教などを背景につくり出された性差であるジェンダーについて説明した文として，最も適切なものを，次の①～④のうちから1つ選べ。

① 自己のジェンダーに対する認識は，誕生時の身体的な性に一致する。

② 心と体の性が一致していない人々は，性的マイノリティとして差別の対象となってきた。

③ 社会や文化のあり方がのちに変化したとしても，ジェンダーは変化することはない。

④ 哲学者のハンナ・アーレントは，性的マイノリティに対する差別を厳しく批判した。

1	問1 6点					問2 6点				
	問3	(1)	ⅰ 6点		ⅱ 6点			(2) 6点		
	問4 6点					問5	(1) 6点		(2) 6点	
	問5	★(3) 8点								
2	問1	1 4点				2 4点				
	問2	(1) 4点				(2) 4点				
	問3	(1)	A 4点			B 4点			C 4点	
		(2)	ⅰ 4点		ⅱ 4点		(3) 4点		★問4 4点	

1 幸福とは

ポイント整理 教科書をみて当てはまることばを書いてみよう…………

／13問

A 幸福とは何か

(1) 日本国憲法で保障されている幸福を追求する権利を①＿＿＿＿＿という。

(2) 自分の気持ちや欲求が満たされたという感覚，すなわち心の②＿＿＿から，幸福について考えることができる。

B 快楽主義

(1) 快楽こそ幸福だと説いた古代ギリシャの哲学者③＿＿＿＿＿＿は，過度の欲望は，飢餓感や喪失感という苦痛をもたらすために避けるべきだとした。

(2) ③ は，欲望を刺激される社会から身を引き，④＿＿＿人々と心穏やかに過ごす生活を幸福と考えた。

C 禁欲主義

(1) 古代ギリシャの哲学者⑤＿＿＿は，「自然に従って生きる」ことが幸福であるといい，情念に流されることなく心を堅固に保ち，社会のなかで自分に与えられた⑥＿＿をはたすことが幸福な生き方だと説いた。

D よく生きること

(1) 古代ギリシャの哲学者⑦＿＿＿＿＿は，「金銭その他のものが人間のために善いものとなるのは，公私いずれにおいても，すべては，魂のすぐれていることによる」といっている。

(2) ⑦ は，ただ生きるのではなく，よく生きることを説き，そのためには知恵や思慮，勇気や節制といった「⑧＿のすぐれた働き」である⑨＿（アレテー）を身につけることが必要であるとした。

(3) 社会には⑩＿＿という ⑨ が求められる。また，多様な価値や生き方が尊重される現代にあっては，⑪＿＿も幸福の社会的要件となる。

古代ギリシャの哲学者の思想

次の空欄に当てはまることばを語群から選びなさい。

・ゼノンは，人間は宇宙の一部であり，理性は世界を秩序づける普遍的な原理，すなわち（ ⑫ ）に従うべきであると説いた。

・ソクラテスは，自分の行動やあり方をふり返る「魂への（ ⑬ ）」をとおして徳を身につけることで，幸福が実現されると説いた。

語群 配慮　情念　自然法　尊重

①
②
③
④
⑤
⑥
⑦
⑧
⑨
⑩
⑪
⑫
⑬

2 自由とは

ポイント整理 教科書をみて当てはまることばを書いてみよう…………

／12問

A 幸福の条件としての自由

(1) イギリスの思想家①＿　＿は，『自由論』のなかで「人がもっとも
　　幸福になれるのは，幸福を追求する手段を各人が自分で選べるよう
　　になっているときである」と述べている。

(2) ギャンブルやゲームなどの②＿　＿症におちいっている人は，自
　　由とはいえない。

B 意志の自律としての自由

(1) ドイツの哲学者③＿　＿　＿は，「意志の自律」が自由であるととなえた。たとえば，飲食は食欲という④＿　＿　＿な欲求にもとづく
　　行為であり，純粋な意志の働きではない。

(2) ③は，「苦しんでいる人を助けよ」という理性が自ら定めた無
　　条件の命令(⑤＿　＿　＿　＿)に従う行為にのみ「意志の⑥＿　＿」を
　　認め，そこに人間の自由があると考えた。

C 自己決定としての自由

(1) ①は，何かを選びとるときに他者から強要されない，自分で決
　　定することができる⑦＿　＿　＿＿を自由と考えた。

(2) ①は「他者に危害を加えない限りにおいて」という⑧＿　＿　＿
　　＿　＿　＿を設けている。

(3) 他者に危害を加えない限り，自分に害がある行為であっても，そ
　　の危険を十分判断したうえで決定したことについては，他者が妨げ
　　ることはできないという権利を，⑨＿　＿　＿という。

D 自由とその責任

(1) 自由を重荷と感じた人々がその負担から逃れようとして，⑩＿
　　＿に盲従し自ら自由を放棄することがある。

①
②
③
④
⑤
⑥
⑦
⑧
⑨
⑩
⑪
⑫

自由とは？

次の空欄に当てはまる
ことばを書きなさい。

●カントの自由
必要な能力＝（　⑪　）の自律

困っている人
は助けるべし

名誉・地位の獲得や友情・
愛情にもとづかない

欲望・感情
好かれたい

道徳法則にのみ従うこと

●ミルの自由
必要な能力＝十分な（　⑫　）

困っている人
を助けたい

他者は本人の判断を
妨げてはならない

他者

自分の健康を
優先してね

自己決定を尊重すること

3 正義とは

ポイント整理 教科書をみて当てはまることばを書いてみよう…………

／13問

A 自由と正義

(1) イギリスの政治学者①＿＿＿＿は，『リヴァイアサン』を著し，幸福の条件に自由があるとしても，「他者を傷つける自由」を認めることはできないとする②＿＿＿＿＿＿を説いた。

(2) 私たちが幸福で豊かな人生を過ごすために必要な，正・不正をはかるものさしが③＿＿である。

B 正義の見方

(1) 西洋では古代より，正義とは各人が自分にふさわしい④＿＿を受けることと考えられてきた。

(2) 古代ギリシャの哲学者⑤＿＿＿＿＿＿＿は，財産や名誉を各人の能力や成果に応じて分けることを配分的正義，罪を犯した者は誰もが等しく罰を受けることや，損害を与えた者が同等の弁償をすることを⑥＿＿＿＿＿とよんだ。

(3) ⑤は，交換される商品と商品が等しい価値をもつことが保証されるというような，応酬は等しくあるべきだとする考え方を，⑦＿＿＿＿＿とよんだ。

(4) ⑥・⑦いずれの正義も，同等のものは同等に扱われるべきだとする⑧＿＿の原則が関係している。

C トロッコ問題

(1) 正義は人々の行為を導く⑨＿＿＿価値でもある。

D 功利主義（帰結主義）と義務論の対立

(1) イギリスの思想家⑩＿＿＿＿がとなえた功利主義は，全体の福祉（「最大多数の最大幸福」）を道徳の基準とした。

(2) カントは，かけがえのない価値をもつ個人の⑪＿＿を手段としてのみ扱うことを禁じ，人間として行うべき義務，すなわち⑫＿＿＿＿を道徳の基準とした。

①
②
③
④
⑤
⑥
⑦
⑧
⑨
⑩
⑪
⑫
⑬

正義とは？

次の空欄に当てはまることばを書きなさい。

● （ ⑬ ）的正義

4時間
1万円
8時間
2万円

労働時間に応じて報酬を（⑬）すること。

● 調整的正義

利得　　損害

不当に得た利得から損害を補填すること。

4 公正とは

ポイント整理 教科書をみて当てはまることばを書いてみよう…………

　　　　　　　　／12問

A 平等と公平

(1) 多様な人々を, いずれもかけがえのない存在として等しく扱う「①＿＿」は, 現代の正義の柱となっている。

(2) 実際の場面で異なる者どうしを形式的に等しく扱ったのでは, 不具合が生じることもある。正義は「②＿＿」(実質的平等ともいう)という観点からもとらえる必要がある。

B 公平の基準

(1) Aは4時間働き10の成果をあげ4,000円の報酬を得た。一方で8時間働き5の成果をあげたBの得るべき報酬は, 労働時間を基準とすれば2倍の③＿＿＿＿円, 成果を基準とすれば2分の1の④＿＿＿＿円となる。

C 公正としての正義

(1) アメリカの倫理学者⑤＿＿＿＿は, 社会契約説のアイデアをいかして, 「公正としての正義」とよばれる原理を導きだした。

(2) ⑤によると, 人生の目標や価値は人によって異なるものであり, その実現のためには, ⑥＿＿を平等に分け与えなければならない。一方で, 競争に負けて地位や所得が得られなかった人々に対しても, その生活条件の改善につながるような配慮がなされていること, すなわち⑦＿＿＿＿が求められる。

D 潜在能力の平等

(1) 人々の自由を保障しつつ結果の平等をも求める⑤の理論は, ⑧＿＿＿＿＿＿＿とよばれる。

(2) インドの経済学者⑨＿＿は, 生き方の幅を保障する⑩＿＿＿＿がどの程度発揮されているかを, 公正の基準と見なした。

公正な社会

次の空欄に当てはまることばを語群から選びなさい。

・障がいをもつ人も健康な人と区別されることなく, 同じように生活できるよう支援していくことを (⑪) という。

・障がいや能力の如何を問わず, 誰もが利用できる道具や施設の設計のことを (⑫) という。

語群 ユニバーサルデザイン　ターミナルケア
ノーマライゼーション

①
②
③
④
⑤
⑥
⑦
⑧
⑨
⑩
⑪
⑫

1 幸福とは……………………………教科書p.24〜25

□❶日本国憲法で保障されている，幸福を追求する権利。

□❷スポーツに熱中したり，やりたい仕事を任されたりするときに得られる，自分の気持ちや欲求が満たされたという感覚。

□❸親しい人々と心穏やかに過ごす生活を幸福と考えた，古代ギリシャの哲学者。

□❹❸は，「肉体において苦しみのないことと霊魂において乱されないこと」が真の何と説いたか。

□❺「自然に従って生きる」ことが幸福であると説いた，古代ギリシャの哲学者。

□❻ただ生きるのではなく，よく生きることを説いた古代ギリシャの哲学者。

□❼❻が必要性を説いた，知恵や思慮，勇気や節制といった「魂のすぐれた働き」。「徳」のこと。

1　（　　　／7問）

❶
❷
❸
❹
❺
❻
❼

2 自由とは……………………………教科書p.26〜27

□❶『自由論』のなかで，「人がもっとも幸福になれるのは，幸福を追求する手段を各人が自分で選べるようになっているときである」と述べたイギリスの思想家。

□❷ギャンブルやゲームの（　　）におちいっている人は，自由とはいえない。（　　）にあてはまる語句を答えよ。

□❸「意志の自律」が自由であるととなえた，ドイツの哲学者。

□❹❶が自由と考えた，何かを選びとるときに他者から強要されない，自分で決定することができること。

□❺他者に危害を加えない限り，自分に害がある行為であっても，その危険を十分判断したうえで決定したことについては，他者が妨げることはできないという権利。

□❻「人間は自由の刑に処せられている」と表現したフランスの哲学者。

2　（　　　／6問）

❶
❷
❸
❹
❺
❻

3 正義とは……………………………教科書p.28〜29

□❶イギリスの政治学者ホッブズが他者危害原理を説いた著書。

□❷「なすべきこと」（正しいこと）と「してはならないこと」（不正なこと）を判断するものさしとなるもの。

□❸アリストテレスが説いた，財産や名誉を各人の能力や成果に応じて分けること。

□❹アリストテレスが説いた，罪を犯した者は誰もが等しく罰を受けることや，損害を与えた者が同等の弁償をすること。

3　（　　　／8問）

❶
❷
❸
❹

□❺人々の行為を導く道徳的価値としての正義に関して考察する思考実験。

□❻イギリスの思想家ベンサムがとなえた，全体の福祉（「最大多数の最大幸福」）を道徳の基準とする考え方。

□❼カントは，「人間性を，つねに同時に目的として取り扱い，決して単に（　　）としてのみ取り扱わないように行為せよ」という道徳法則をとなえた。（　　）にあてはまる語句を答えよ。

□❽カントが道徳の基準とした，人間として行うべき義務。

4　公正とは……………………………教科書p.30〜31

□❶多様な人々を，いずれもかけがえのない存在として等しく扱う，現代の正義の柱。

□❷正義は「公平」という観点からもとらえる必要がある。この公平のこと。

□❸実現するには，成果やかかった時間など，さまざまな基準で判断していく必要がある社会的な適正さのこと。

□❹アメリカの倫理学者ロールズが，社会契約説のアイデアをいかして導きだした原理。

□❺ロールズの❹は，第1原理として自由の平等，第2原理として許される（　　）からなる。（　　）にあてはまる語句を答えよ。

□❻❹の第2原理にあたる，競争に負けて地位や所得が得られなかった人々に対しても,その生活条件の改善につながるような配慮がなされていること。

□❼人々の自由を保障しつつ，結果の平等をも求めるロールズの理論。

□❽インドの経済学者センが，どの程度発揮されているかを公正の基準と見なした，生き方の幅を保障する能力。

特集　寛容と連帯……………………………教科書p.32〜33

□❶『寛容論』を著した，18世紀のフランスの啓蒙思想家。

□❷文化相対主義をとなえたフランスの文化人類学者。

思考実験　産む・産まないを決めるのは？……教科書p.34〜35

□❶子を産む・産まないを女性が自ら決定する権利。

❺	
❻	
❼	
❽	

4　（　　　／8問）

❶	
❷	
❸	
❹	
❺	
❻	
❼	
❽	

特集　（　　　／2問）

❶	
❷	

思考実験　（　　　／1問）

❶	

年　　　組　　　番	点数	★ 思考・判断・表現
名前	／100点	／12点

1　次の表を見て，設問に答えよ。

幸福について考察した古代ギリシャの哲学者	（　1　）	金銭や権力そのものに「善さ」があるわけではなく，それらを用いる人のa魂がすぐれていなければ，価値あるものにならない。
	（　2　）	情念に流されることなく心を堅固に保ち，社会のなかで自分に与えられた役割をはたすことが幸福な生き方である。
	（　3　）	欲望を刺激される社会から身を引き，親しい人々と心穏やかに過ごす生活こそが，幸福である。
自由について考察した近代ヨーロッパの思想家	（　4　）	とるべき進路などの判断を最終的に自分の意志で行うことができるのが自由であるが，そのb自由は無制限に行使されるものではない。
	（　5　）	「苦しんでいる人を助けよ」というc理性が自ら定めた無条件の命令に従う行為にのみ「意志の自律」を認める。

問1　表中の（　1　）〜（　5　）に入る人物名を，次の①〜⑦のうちから1つずつ選べ。

① カント　② フロム　③ ゼノン　④ ミル

⑤ ソクラテス　⑥ サルトル　⑦ エピクロス

問2　下線部aについて，（　1　）は「よく生きるためには，知恵や思慮，勇気や節制といった“魂のすぐれた働き”である徳を身につける必要がある」と説いた。この徳のことをカタカナで何というか。

★問3　（　2　）・（　3　）の哲学者の思想の共通点を，次の①〜④のうちから1つ選べ。

① 心の安定が幸福をもたらす。　② 他者への気遣いをおこたってはならない。

③ 欲望に従うことは自由ではない。　④ 結果に対する責任を負うべきである。

問4　人間は自然法に従うべきであるとし，そのもとにある限りみな平等な存在であるという世界市民主義をとなえた人物を，（　1　）〜（　3　）から選び，番号で答えよ。

問5　下線部bについて，「他者に危害を加えない限りにおいて」自由は認められるとする原理を何というか。

問6　下線部cのことを何とよぶか。漢字4字で答えよ。

2　次の文章を読んで，設問に答えよ。

次の図は，イギリスの哲学者が提起した「トロッコ問題」という思考実験である。このとき，a正義に関して対立する2つの思想のいずれをとるかで選択が異なる。（　1　）によると，数が多いほど幸福の量が増え正しいとされるため，5人を救うために，あえてレールを切り替えて1人の命を奪うことが正義となる。一方（　2　）によると，たった1人でも人間の尊厳を守ることが重要であり，5人の安全を守るための手段として1人を犠牲にすることは「不正」とされる。

問1　文章中の（　１　）・（　２　）に入る適語を，次の①～⑤のうちから１つずつ選べ。

① 動機主義　　② 功利主義　　③ 幸福追求権

④ 格差原理　　⑤ 定言命法

問2　（　１　）・（　２　）の考えをとなえた人物を，次の①～⑤のうちから１つずつ選べ。

① ホッブズ　　② ルソー　　③ カント

④ ベンサム　　⑤ エリクソン

問3　下線部aについて，次の問いに答えよ。

(1)　古代ギリシャの哲学者アリストテレスは，正義をさまざまな種類に分類して論じた。このうち，「調整的正義」とはどのような正義か。「罪」「罰」の語を用いて説明せよ。

★(2)　正義は「公平」（または実質的平等）という観点からもとらえる必要がある。ロールズの「公正としての正義」の原理にあてはまらないものを，次の①～④のうちから１つ選べ。

①　人生の目標や価値は人によって異なるものであり，その実現のためには，自由を平等に分け与えなければならない。

②　地位や所得を得る機会が，平等に分け与えられる必要がある。

③　競争に負けて地位や所得が得られなかった人々に対しても，その生活条件の改善につながるような配慮がなされている必要がある。

④　不平等の是正には，それぞれの人のおかれた状況や身体能力に対して細かな配慮が必要である。

(3)　人々の自由を保障しつつ，結果の平等をも求めるロールズの理論は何とよばれるか。

(4)　ロールズの理論に対して，生き方の幅を保障する潜在能力がどの程度発揮されているかを，公正の基準と見なしたインドの経済学者はだれか。

1	問1 6点	1 6点		2 6点		3 6点		4 6点		5 6点	
	問2 6点				★問3 6点						
	問4 6点		問5 6点					問6 6点			
2	問1 6点(完答)	1		2		問2 6点(完答)	1		2		
	問3	(1) 10点									
		★(2) 6点		(3) 6点			(4) 6点				

1　人間の尊厳と平等

ポイント整理　教科書をみて当てはまることばを書いてみよう…………

／15問

A　私たちと政治

⑴　話しあいなどを通じて利害の調整をはかって意見の対立を克服し，集団としての意思決定を行うといった営みが①＿＿である。

B　個人の尊重

⑴　日本国憲法には，「すべて国民は，個人として②＿＿される。」と記されている。これは，個人の自由と幸福を追求する権利こそが最大限に尊重されなければならないという「③＿＿＿＿」の考え方からきている。

⑵　「③」は，他人をかえりみず自分だけの利益を求める「④＿＿＿＿」とは異なる考え方である。

⑶　「③」の考え方から，日本国憲法の⑤＿＿＿＿＿＿＿＿と⑥＿＿＿＿＿＿という，社会の普遍的な基本原理が生まれてくる。

C　基本的人権の尊重

⑴　日本国憲法において，基本的人権は「侵すことのできない⑦＿＿の権利」として定義されている。

⑵　日本国憲法では，基本的人権について「国民の⑧＿＿の努力によって，これを保持しなければならない」と記されている。

D　法の下の平等

⑴　平等権の保障によって，すべての国民に機会の平等（⑨＿＿＿平等）を求める権利が認められ，さらに⑩＿＿の平等，⑪＿＿権の平等，⑫＿＿の機会均等が定められている。

⑵　累進課税制度などにより，社会的・経済的な不平等を是正し，結果の平等，すなわち⑬＿＿＿平等がはかられている。

E　両性の平等

⑴　戦前の「⑭＿」制度により，女性は個人として尊重されてこなかった歴史がある。

①
②
③
④
⑤
⑥
⑦
⑧
⑨
⑩
⑪
⑫
⑬
⑭
⑮

人権保障のあゆみ

次の空欄に当てはまることばを書きなさい。

1628	権利請願（英）	1919	ワイマール憲法制定（独）
1689	権利章典（英）	1946	日本国憲法公布
1776	アメリカ独立宣言（米）	1948	（　⑮　）採択
1789	フランス人権宣言（仏）	1966	国際人権規約採択
1889	大日本帝国憲法発布		

2 民主政治と国民主権

ポイント整理 教科書をみて当てはまることばを書いてみよう………

／12問

A 民主政治の成立

(1) 17〜18世紀に絶対王政を倒した市民革命は，人権保障，国民主権，権力分立，①＿の支配という民主主義の基本原理を生みだした。

(2) ②＿＿主義の原理は，人権が保障されるために憲法にもとづく政治を行うことを意味する。

B 国民主権

(1) 国民主権とは，国の政治のあり方を最終的に決定する権力（主権）を君主や貴族がもつ③＿＿主権とは異なり，国民が権力をもつという考え方である。

C 議会制民主主義

(1) 国民主権の原理のもと，多くの国が国民の代表者が議会を通じて政策を審議し決定する④＿＿＿＿＿（議会制民主主義）を採用している。

(2) 議会で政策決定する場合，最終的には⑤＿＿＿の原理が用いられるが，多数の意見がいつも正しいとは限らないので，⑥＿＿＿＿を尊重しながら決定されなければならない。

(3) スイスでは⑦＿＿＿＿＿が重視され，有権者には，憲法改正や法律制定を提案する権利，議会で成立した法律を⑧＿＿＿＿で決議する権利が与えられている。

D 権力分立

(1) 政治は，⑨＿＿という強制力をともなわざるをえないが，これは常に濫用されがちである。

(2) ⑨を立法，行政，司法に分割し，それぞれが相互に⑩＿＿し均衡を保つ（チェック・アンド・バランス）ことによって，その濫用を防ぐことができる。

① ____
② ____
③ ____
④ ____
⑤ ____
⑥ ____
⑦ ____
⑧ ____
⑨ ____
⑩ ____
⑪ ____
⑫ ____

民主政治と権力分立

次の空欄に当てはまることばを語群から選びなさい。

・第16代アメリカ大統領の（ ⑪ ）は，民主政治を「……government of the people, by the people, for the people……」（人民の，人民による，人民のための政治）と表現した。

・フランスの思想家（ ⑫ ）は，『法の精神』のなかで，三権分立を主張した。

語群 モンテスキュー　アリストテレス　カント　ミル　リンカン

3 消極的自由と公共の福祉

ポイント整理 教科書をみて当てはまることばを書いてみよう…………

／15問

A 自由とは何か

(1) 自由には，妨げるものがなければ自由とされる「①＿＿＿自由」と，自分自身の行為が自分の意志にもとづいているかが重要視される「②＿＿＿自由」の２つの意味がある。

B 消極的自由と自由権

(1) 他人の自由や権利を侵害しない限り，国家からの干渉を受けずに自由に行動できることを，③＿＿＿＿＿＿＿という。

(2) 日本国憲法は，私たちがそれぞれ違った考えをもてるように④＿＿・良心の自由を保障している。

(3) 自分の考えや意見を国家に邪魔されずに人々に伝えられる自由である⑤＿＿の自由は，幅広く保障されている。

(4) 日本国憲法で，それぞれ異なる宗教を信じ，その信仰に従って行動できるように⑥＿＿の自由が保障されている。

(5) 処罰される犯罪や刑罰は，あらかじめ法律で定めておかなければならない。これを⑦＿＿＿＿＿＿という。

(6) 不当な逮捕を防ぐため，警察が被疑者を逮捕する場合は，裁判所による令状が必要である。これを⑧＿＿＿＿という。

(7) 合法であった行為を後から制定した法で処罰することはできないことを，⑨＿＿＿＿の禁止という。

(8) 日本国憲法は，職業を自分自身で選択できる自由（職業選択の自由）や⑩＿＿・移転の自由を保障している。

(9) 自らの財産を自由に処分できる権利を⑪＿＿＿という。

C 消極的自由と公共の福祉

(1) 自分の自由の行使だけを優先することにより，他者の自由を侵害しないよう，自制を加える原理が「⑫＿＿＿＿＿」である。

①
②
③
④
⑤
⑥
⑦
⑧
⑨
⑩
⑪
⑫
⑬
⑭
⑮

自由権の分類

次の空欄に当てはまることばを語群から選びなさい。

・（ ⑬ ）の自由…思想・良心の自由　表現の自由
信教の自由（→政教分離の原則）　学問の自由と大学の自治

・（ ⑭ ）の自由…適正手続きの保障　罪刑法定主義　令状主義
遡及処罰の禁止　一事不再理

・（ ⑮ ）の自由…職業選択の自由　居住・移転の自由　財産権

語群 精神　個人　経済　貿易　人身

4 積極的自由と義務

ポイント整理 教科書をみて当てはまることばを書いてみよう…………

／14問

A 積極的自由と社会権

(1) 自由権が「国家からの自由」であるのに対し，社会権はすべての人に人間らしい生活を保障するよう国家に求める「①＿ ＿ ＿ ＿ ＿ ＿ ＿」である。

(2) 日本国憲法第25条は「すべて国民は，健康で文化的な②＿ ＿ ＿ ＿の生活を営む権利を有する」として生存権を保障している。

(3) 人間が，主体的に自分の生き方を選択し，その生き方を実現していくために，日本国憲法は③＿ ＿を受ける権利を保障している。

(4) 労働基本権は，労働者が労働条件の維持・改善を目的に，団体を組織する④＿ ＿ ＿，労働者の団体が使用者と労働条件について交渉する⑤＿ ＿ ＿ ＿ ＿，労働者の団体が労働条件の交渉を有利に進めるために団体行動を行う団体行動権からなる。

B 参政権と請求権

(1) 国民がさまざまな方法で政治に参加する権利を⑥＿ ＿ ＿とよぶ。

(2) 憲法改正については，国民投票をとおして国民が直接その当否を判断できる⑦＿ ＿ ＿ ＿ ＿を保障している。

(3) 請求権には，⑧＿ ＿を受ける権利，公務員の不法行為に対し損害賠償を請求する⑨＿ ＿ ＿ ＿ ＿ ＿ ＿，裁判で無罪となった被告人が補償を請求する⑩＿ ＿ ＿ ＿ ＿ ＿ ＿などがある。

(4) 国や地方公共団体の機関に対し，要望を述べたり，苦情を訴えたりする⑪＿ ＿ ＿も請求権に分類される。

C 国民の義務

(1) 国民の義務として，⑫＿ ＿の義務，納税の義務，保護する子女に普通教育を受けさせる義務の３つが定められている。

①
②
③
④
⑤
⑥
⑦
⑧
⑨
⑩
⑪
⑫
⑬
⑭

参政権と請求権

次の空欄に当てはまる数字・ことばを語群から選びなさい。

・2015年の公職選挙法改正で，選挙権年齢が満（ ⑬ ）歳以上に引き下げられた。

・公務員は憲法第15条で，「全体の（ ⑭ ）」でなければならないと規定されている。

語群 | 18 20 25 代表者 奉仕者 技術者 |

5 法の支配と人権保障

ポイント整理 教科書をみて当てはまることばを書いてみよう…………

／12問

A 「人の支配」から「法の支配」へ

(1) 絶対王政の時代は，君主の思うままの政治（①＿＿＿＿）が行われていた。

(2) イギリスの法律家エドワード・コークは，「国王といえども法に従うべきである」という理念を主張し，この理念はピューリタン革命・名誉革命を経て，②＿＿＿＿として明文化された。

(3) 人権の尊重を最優先する法の支配とは異なり，法の内容は問わずに国会が制定した法による秩序を最優先する考え方を③＿＿＿＿という。

B 日本国憲法と法の支配

(1) 憲法がすべての法律のなかで最高の位置を占め，憲法に反する法律は効力をもたないという原理を憲法の④＿＿＿＿＿という。

(2) 法の支配の目的は，永久に侵すことができない⑤＿＿＿＿＿を保障することにある。

(3) すべての人は，⑥＿＿な手続きによって裁判を受ける権利が認められている。

(4) 裁判所には，国会や政府のいき過ぎに歯止めをかける⑦＿＿＿＿＿が与えられている。

C 戦う民主主義

(1) ドイツでは，先進的とされていた⑧＿＿＿＿＿＿＿が制定されたが，世界恐慌の混乱のなか，⑨＿＿＿＿率いるナチス=ドイツが独裁体制をしき，⑩＿＿＿＿＿（全体主義）国家となった。

(2) 戦後のドイツ連邦共和国基本法では，自由で民主的な基本秩序を攻撃するものはその権利を喪失するという，「⑪＿＿＿＿＿＿」という考え方が示された。

①
②
③
④
⑤
⑥
⑦
⑧
⑨
⑩
⑪
⑫

人の支配から法の支配へ

次のA・Bのうち，法の支配を示す図はどちらか。（　⑫　）

A
専制君主 →制定→ 法 → 国民

B
法 →拘束→ 権力者 → 国民
議会 →制定→ 法
国民 →選出→ 議会

6　平和主義

ポイント整理　教科書をみて当てはまることばを書いてみよう…………

　　　　　　　　　／15問

A　平和主義の確立

(1)　日本国憲法は，世界の人々が「平和のうちに生存する権利を有する」として，①＿＿＿＿＿＿＿をうたっている。

(2)　憲法第9条第1項は「②＿＿の放棄」を明記し，第2項では「③＿＿の不保持」と「国の④＿＿＿の否認」を規定している。この原理を平和主義という。

B　自衛隊

(1)　朝鮮戦争が勃発すると，連合国軍総司令部（GHQ）は⑤＿＿＿＿＿の創設を指示し，この組織が保安隊に改組増強され，さらに⑥＿＿＿となった。

C　日米安全保障体制の成立

(1)　日本は1951年に⑦＿＿＿＿＿＿＿＿を結んで，アメリカ軍の日本駐留の継続と基地の使用を認めた。

(2)　⑦は安保反対闘争のなかで改定され，⑧＿＿＿＿＿＿及び安全保障条約となった。

(3)　在日米軍の日本での法的地位などを定めた，⑨＿＿＿＿＿＿が結ばれている。

(4)　1978年には，⑩＿＿＿＿＿＿のための指針（ガイドライン）が結ばれ，日米共同作戦の研究や日米合同演習も行われるようになった。

(5)　1978年からはアメリカ軍の駐留経費の一部を，日本が負担している。これは⑪＿＿＿＿＿＿＿とよばれている。

D　日本の防衛政策の原則

(1)　日本は「核兵器をもたず，つくらず，もちこませず」という⑫＿＿＿＿＿をかかげている。

(2)　武器輸出三原則は，2014年に⑬＿＿＿＿＿＿三原則に変更された。

①
②
③
④
⑤
⑥
⑦
⑧
⑨
⑩
⑪
⑫
⑬
⑭
⑮

平和主義にかかわる国の基本方針

次の空欄に当てはまることばを語群から選びなさい。

・（　⑭　）…防衛力は，武力攻撃を受けたときにはじめて行使することができる。

・（　⑮　）（シビリアン・コントロール）…文民である政治家が，軍隊を統率する。

語群　文民統制　　災害派遣　　専守防衛　　集団的自衛権

1 人間の尊厳と平等 ……………………… 教科書p.40〜41

□❶古代ギリシャの哲学者アリストテレスは，「人間はその自然の本性において（　　　）〔ポリス〕をもつ動物である」と述べた。（　　　）にあてはまる語句を答えよ。

□❷憲法第11条で「侵すことのできない永久の権利」と定義される，人が生まれながらにしてもつ権利を尊重する考え方。

□❸日本国憲法では，基本的人権について「国民の不断の（　　　）によって，これを保持しなければならない」と記されている。（　　　）にあてはまる語句を答えよ。

□❹形式的平等のうち，国民の政治参加に関する平等。

1 （　　／4問）

❶

❷

❸

❹

2 民主政治と国民主権 ……………………… 教科書p.42〜43

□❶市民革命が生みだした，人権保障，権力分立，法の支配とならぶ民主主義の基本原理。

□❷❶の原理のもと，多くの国が国民の代表者が議会を通じて政策を審議し決定するしくみ。間接民主制ともいう。

□❸憲法改正の国民投票などに取り入れられている，国民の多数意思を直接政治に反映しやすいしくみ。

□❹三権分立の「チェック・アンド・バランス」は，日本語で抑制と何と表されるか。

2 （　　／4問）

❶

❷

❸

❹

思考実験 なぜ社会をつくるのか？ …………… 教科書p.44〜45

□❶ホッブズやロックなどによって示された，社会をつくる約束により国家が形成するという考え方。

□❷『正義論』を著し，自然状態に似た「原初状態」という設定を通じて，誰もが納得できる社会正義のあり方を模索した人物。

思考実験 （　　／2問）

❶

❷

3 消極的自由と公共の福祉 …………………… 教科書p.46〜47

□❶近代国家では，「積極的自由」は社会権や参政権などの形で，人権として具体化されているが，「消極的自由」はどのような権利として具現化されているか。

□❷信教の自由を確実に保障するため，国家が宗教と過度にかかわることを禁止する原則。

□❸戦前に国家権力が，国家の政策を批判する大学教授を大学から追放したことを受け，大学の自治とともに保障された自由。

□❹裁判で無罪が確定した後に再び罪を問われないこと。

3 （　　／4問）

❶

❷

❸

❹

4 積極的自由と義務 ……………………………… 教科書p.48〜49

□❶憲法第25条で「すべて国民は，健康で文化的な最低限度の生活を営む権利を有する」として保障されている権利。

□❷社会権のうち，人間が，主体的に自分の生き方を選択し，その生き方を実現していくために必要な権利。

□❸労働者の団体が，労働条件の交渉を有利に進めるために団体行動を行う権利。

□❹裁判を受ける権利，国家賠償請求権などに代表される，国家に対し一定のサービスや金銭を請求する権利。

□❺勤労の義務，保護する子女に普通教育を受けさせる義務とならぶ国民の義務。

4 （　　　／5問）

❶

❷

❸

❹

❺

特集 「新しい人権」 ……………………………… 教科書p.50〜51

□❶良好な環境を享受するため，環境破壊行為の予防などを請求できる権利。

□❷私生活に関することがらをみだりに公開されない権利。

□❸国民が主権者として正しい政治判断を行うために，国や地方公共団体に情報を公開させる権利。

特集 （　　　／3問）

❶

❷

❸

5 法の支配と人権保障 ……………………………… 教科書p.54〜55

□❶すべての法のなかで最高の位置を占め，これに反する法律は効力をもたないとされる法。

□❷裁判所に与えられている，国会や政府のいき過ぎに歯止めをかける権限。

5 （　　　／2問）

❶

❷

6 平和主義 ……………………………… 教科書p.56〜57

□❶「戦争の放棄」，「戦力の不保持」，「国の交戦権の否認」を規定しているのは，日本国憲法第何条か。

□❷自国が攻撃されたときだけでなく，同盟国が攻撃された場合にも，一定の条件のもとで武力を行使できる権限。

6 （　　　／2問）

❶

❷

特集 日本国憲法と３つの原理 ……………………… 教科書p.58〜59

□❶君主が制定したという形式の憲法。

□❷天皇が，内閣の助言と承認にもとづいて儀礼的・形式的に行う行為。

特集 （　　　／2問）

❶

❷

年 組 番	点数	★ 思考・判断・表現
名前	／100点	／20点

① 次の文章を読んで，設問に答えよ。

　近代憲法のあゆみは，a イギリスで国王の専制を議会による立法で制約する動きから始まった。その後，人権の保障と b 民主政治の実現をめざすフランスなどの国々が登場した。なかでもアメリカでは，c 法の支配を実現する手段の1つとして（　　　）審査権が確立され，人権規定がd 行政だけでなく立法をも拘束するようになった。20世紀の憲法のあゆみは新たな進展を見せ，2度の世界大戦を経て，各国は，戦争は最大の人権侵害であるとの認識を深め，日本国憲法でも前文と第9条でe 平和主義の原理を宣言した。

問1　文章中の（　　　）に入る適語を答えよ。

問2　下線部aについて，「国王といえども法に従うべきである」という理念を明文化し，名誉革命を経て出された文書を何というか。

★問3　下線部bについて，民主政治においては，議会制民主主義の制度が確立されなければならない。議会で政策決定する場合，最終的には多数決の原理を用いるが，この際，どのような点に留意する必要があるか。「尊重」「討論」の語を用いて説明せよ。

問4　下線部cについて，日本国憲法第97条では，法の支配の目的は，永久に侵すことができない（　　　）を保障することにあるとしている。（　　　）に当てはまる語句を答えよ。

問5　下線部dについて，権力分立の原則において三権とされるのは，行政，立法ともう1つは何か。

問6　下線部eについて，次の問いに答えよ。

(1)　憲法第9条に定められている原則として当てはまらないものを，次の①～④のうちから1つ選べ。

　　①　戦力の不保持　　②　非核三原則　　③　国の交戦権の否認　　④　戦争の放棄

(2)　日本の防衛政策の推移について正しく説明したものを，次の①～④のうちから1つ選べ。

　　①　サンフランシスコ平和条約では，自衛隊の創設が主権回復の条件として明記された。

　　②　国際連合への加盟に際し，日本政府は新たに集団的自衛権の行使を認めるようになった。

　　③　駐留するアメリカ軍の経費の一部を，「思いやり予算」として日本が負担してきた。

　　④　これまでの防衛装備移転三原則が，2014年に武器輸出三原則へと変更された。

② 次の文章を読んで，設問に答えよ。

　日本国憲法制定以後の社会状況の変化にともない，a 憲法で明文化された基本的人権だけでは十分に対応することができない，さまざまな問題も生じるようになった。このため，憲法第13条の保障する（　1　）の尊重や（　2　）追求権などの解釈を拡大することで，「b 新しい人権」が認められるべきだという主張がされている。

問1　文章中の（　1　）・（　2　）に入る適語を答えよ。

問2　下線部 a について，次の問いに答えよ。

☆(1)　右の図を参考に，①・②に当てはまるものを次の A・B，X・Y からそれぞれ選べ。

| ①　自由権 | A　積極的自由 |
| ②　社会権 | B　消極的自由 |

| X　国家からの自由 |
| Y　国家による自由 |

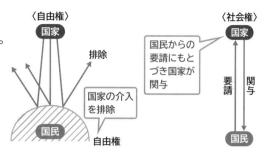

(2)　次の基本的人権に関する文の下線部は誤っている。それぞれ正しい語句を答えよ。

①　信教の自由は，大学が国家権力からの不当な介入を受けないという大学の自治の保障を含む。

②　教育の自由は，政教分離の原則によってより確実に保障されている。

③　適正手続きの保障にもとづき，処罰される犯罪や刑罰はあらかじめ法律で定められなければならないとされる。

④　労働三権とは，団結権，団体行動権，公務就任権のことである。

問3　下線部 b について，次の各文は何という新しい人権に関連が深いか。次の①〜⑤のうちからそれぞれ１つずつ選べ。

(1)　治療にあたって，患者が医師から治療方法などに関する十分な説明を受けたうえで，その医療行為に同意するインフォームド=コンセントが重視されている。

(2)　行政機関や民間事業者などに，個人情報の適正な取り扱いを義務付ける法律が制定された。

(3)　多くの地方公共団体で情報公開条例の制定が進み，国レベルでも情報公開法が制定された。

(4)　環境破壊行為の差し止めや予防までも請求できる権利として主張されるようになった。

①　知る権利　　　②　環境権　　　　③　プライバシーの権利
④　アクセス権　　⑤　自己決定権

1	問1 5点		問2 5点	
	☆問3 10点			
	問4 5点		問5 5点	問6　(1) 5点　　(2) 5点

2	問1	1 5点		2 5点	
	問2	☆(1)　① 5点(完答)		② 5点(完答)	
		(2)　① 5点	② 5点	③ 5点	④ 5点
	問3	(1) 5点	(2) 5点	(3) 5点	(4) 5点

1　法の機能と限界

ポイント整理　教科書をみて当てはまることばを書いてみよう…………

／11問

A　公私区分の変動

(1)　かつては「法は家庭に入らず」といわれ，それぞれの家庭の内部のことには①＿＿＿が介入するべきではないという考え方が主流であった。

(2)　近年は，しつけに名を借りた②＿＿＿＿や，③＿＿（家庭内暴力）が問題となり，家庭内で立場の弱い存在を守るために行政や警察が関与すべきだという主張も有力になっている。

(3)　子どもの安否を確認するために，④＿＿＿＿＿が，家庭に立ち入る必要が生じている。

B　法の限界

(1)　⑤＿には，処罰される行為と処罰の内容を予告することによって，それぞれの個人がそのような行為を避けるよう自発的に行動するようになるという機能がある。

(2)　戦前の日本では，罪を犯しそうな人を拘束する⑥＿＿＿＿の権限を警察に認めていた。

(3)　私たちは⑦＿＿＿＿を通じて，法が実現すべき利益と，保護すべき自由とのバランスについて考える必要がある。

C　犯罪前歴者の更生

(1)　犯罪者・犯罪前歴者にも⑧＿＿はあり，平等に保障される必要がある。

①
②
③
④
⑤
⑥
⑦
⑧
⑨
⑩
⑪

社会規範と法の分類

次の空欄に当てはまることばを書きなさい。

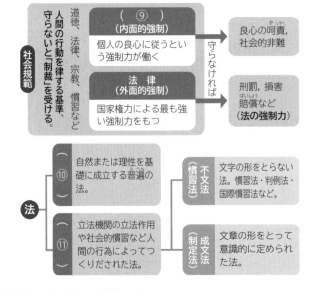

| 社会規範 人間の行動を律する基準，守らないと「制裁」を受ける。 道徳、法律、宗教、慣習など | （　⑨　）（内面的強制）個人の良心に従うという強制力が働く | 守らなければ | 良心の呵責，社会的非難 |
| | 法律（外面的強制）国家権力による最も強い強制力をもつ | | 刑罰，損害賠償など（法の強制力） |

法
- ⑩ 自然または理性を基礎に成立する普遍の法。
- ⑪ 立法機関の立法作用や社会的慣習など人間の行為によってつくりだされた法。

不文法 文字の形をとらない法。慣習法・判例法・国際慣習法など。

成文法（制定法）文章の形をとって意識的に定められた法。

2 国会の運営と権限

ポイント整理 教科書をみて当てはまることばを書いてみよう…………

／15問

A 国会の地位と構成

(1) 選挙で選ばれた国民の代表によって構成される国会にのみ，法律を制定する権限は与えられており，国会は「①＿＿の最高機関」であり，「唯一の②＿＿機関」であるとされている。

(2) ＿②＿権は国会に，行政権は内閣に，司法権は裁判所に与えられ，三権相互の③＿＿と均衡がはかられている。

(3) 国会は衆議院と参議院からなる④＿＿＿であり，両院は法律制定などにおいて基本的には対等である。

(4) 両院の議決が異なった場合は，⑤＿＿＿＿＿で調整がなされる。ただし，内閣不信任決議権，予算先議権などでは⑥＿＿＿が優越する。

B 国会の権限

(1) 国会は裁判所に対しては，裁判官の罷免を審査する⑦＿＿＿＿＿を設置する。

(2) 国会には，立法や予算審議などその権限をより適切に行使するために，証人喚問などを行う⑧＿＿＿＿＿が認められている。

C 国会の運営

(1) 国会は年間を通じて開かれているのではなく，毎年1回開かれる⑨＿＿（通常国会），必要に応じて召集される⑩＿＿＿（臨時国会），衆議院の解散総選挙後に召集される⑪＿＿＿（特別国会）からなる。

(2) 両院の国会議員は，予算，外務などの⑫＿＿＿に分かれ，それぞれ関連の法案などの審議を行う。

(3) 国会議員が法案を作成し提案する⑬＿＿＿＿は，国民の代表である国会議員が政策実行のために行う大切な仕事である。これが増えることが，民意を反映することになる。

① _____
② _____
③ _____
④ _____
⑤ _____
⑥ _____
⑦ _____
⑧ _____
⑨ _____
⑩ _____
⑪ _____
⑫ _____
⑬ _____
⑭ _____
⑮ _____

衆議院の優越

次の空欄に当てはまることば・数字を語群から選びなさい。

・内閣不信任決議権，予算先議権以外に，（ ⑭ ）の再議決，条約の承認，予算の議決に際しても認められている。

・条約，予算については，衆議院の議決後（ ⑮ ）日以内に参議院が議決しない場合，衆議院の議決が国会の議決となる。

語群　| 法律案　憲法改正案　政令　10　30　40 |

3　内閣と行政の民主化

教科書p.68〜69

ポイント整理 教科書をみて当てはまることばを書いてみよう……………

／13問

A　議院内閣制

(1)　内閣総理大臣は国会の議決で指名され，ほかの国務大臣は内閣総理大臣が任命し，内閣が組織される。この制度を①＿ ＿ ＿ ＿ ＿という。

(2)　多くの場合，国会で多数を占める政党の党首が内閣総理大臣となる。政権を担当する政党は②＿ ＿，ほかは③＿ ＿とよばれる。

(3)　衆議院において④＿ ＿ ＿ ＿ ＿決議がされた場合，内閣は⑤＿ ＿ ＿するか，衆議院を解散して民意を問わなければならない。

B　内閣の権限

(1)　法律にもとづき内閣が定める命令を⑥＿ ＿という。

(2)　内閣の方針を決定する⑦＿ ＿が全会一致を原則としているなど，内閣はその一体性が求められる。

C　行政の肥大化と行政改革

(1)　専門的知識をもった公務員（⑧＿ ＿）の役割・権限が拡大し，法律の委任にもとづく政令などの⑨＿ ＿ ＿ ＿が増えている。

(2)　中央省庁は，関連業界に対して許認可権などの強い権限をもち⑩＿ ＿ ＿ ＿ ＿を行ってきたため，それが汚職や官僚の関連企業への再就職（⑪＿ ＿ ＿）につながるという問題もあった。

(3)　行政文書の開示を請求する権利を定めた⑫＿ ＿ ＿ ＿ ＿は，行政運営の公正さと透明性を高めた。

①

②

③

④

⑤

⑥

⑦

⑧

⑨

⑩

⑪

⑫

⑬

衆議院の解散と内閣総辞職

次の空欄に当てはまることばを書きなさい。

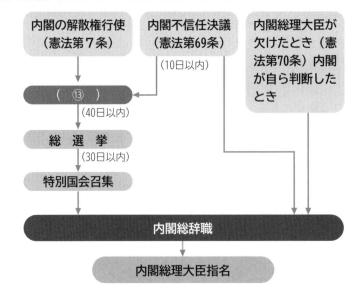

4　世界の政治体制

ポイント整理　教科書をみて当てはまることばを書いてみよう…………

／12問

A　議院内閣制　イギリス

(1)　世界ではじめて議院内閣制を確立させたイギリスでは，①＿＿の多数党ないしは複数政党によって内閣が形成される。

(2)　イギリスでは労働党と②＿＿＿という二大政党による政権交代がくり返されてきたが，野党は「③＿＿＿＿」（シャドー・キャビネット）を組織し次の政権交代に備えることが制度化されている。

B　大統領制　アメリカ

(1)　アメリカは，④＿＿＿＿を最も厳格に採用している国である。

(2)　大統領は連邦議会の法案に対して⑤＿＿＿をもち，大統領と議会は互いに抑制しあっている。

(3)　最高裁判所は⑥＿＿＿＿＿をもち，政府と議会を監視している。

C　権力集中制　中華人民共和国

(1)　中国は，権力分立を否定する⑦＿＿＿＿＿と，共産党の⑧＿＿＿＿体制を維持してきた。

(2)　中国の憲法では，国会にあたる「⑨＿＿＿＿＿＿＿＿（全人代）」が最高機関となっているが，共産党の「指導」により形式的な審議しか行われない。

D　宗教と政治体制

(1)　サウジアラビアは，『⑩＿＿＿＿＿（コーラン）』などイスラム法を，国の法律として認めている。

(2)　イランでは国民に選ばれる大統領ではなく，イスラム法学者が⑪＿＿＿＿＿として元首を務めている。

①
②
③
④
⑤
⑥
⑦
⑧
⑨
⑩
⑪
⑫

アメリカとイギリスの政治制度

次の空欄に当てはまることばを書きなさい。

●（　⑫　）　　　　　　　　●議院内閣制

大統領　　　議会　　　内閣　←指名← 議会

選挙　　選挙　　　　　　　　　　選挙

国民　　　　　　　　　　国民

5　裁判所と人権保障

ポイント整理　教科書をみて当てはまることばを書いてみよう…………

　　　　　　　　　　　　　　　　　　　　　　　　　　　　／12問

A　司法権の独立

(1) 具体的な事件や争いごとを法にもとづき解決することを①＿＿
といい，日本国憲法では裁判所にのみこの権限を認めている。

(2) 公正・中立な裁判が行われるには，裁判所が国会や内閣から干渉
されないという②＿＿＿＿＿＿が確保されていなければならな
い。

(3) ②を確保するために，裁判官の身分も保障されており，裁判官
は「心身の故障」の場合を除き，③＿＿＿＿以外には罷免されない。

B　裁判所の種類

(1) 裁判所は最高裁判所と④＿＿＿＿＿からなる。

(2) 裁判は慎重審議のため⑤＿＿＿がとられている。

(3) 最高裁判所で判決が確定後も，判決をくつがえすような新たな証
拠が見つかるなどした場合には，再審理を行う⑥＿＿の制度がある。

(4) 最高裁判所裁判官に対しては⑦＿＿＿＿制度があり，主権者で
ある国民に最高裁判所に対するチェック機能が与えられている。

C　違憲審査制

(1) 裁判所には，国会で成立した法律や内閣の命令などが憲法に適合
しているかを審査する⑧＿＿＿＿権が認められている。

(2) 最高裁判所は⑧においても終審裁判所であり，「⑨＿＿＿＿
＿」といわれる。

①
②
③
④
⑤
⑥
⑦
⑧
⑨
⑩
⑪
⑫

三審制のしくみ

次の空欄に当てはまることばを書きなさい。

6 私たちと裁判

ポイント整理 教科書をみて当てはまることばを書いてみよう…………

／13問

A 裁判の種類

(1) ①＿ ＿ ＿ ＿は犯罪にかかわる裁判で，検察官が公益を代表して被疑者を起訴することによってはじまる。

(2) 裁判官は，②＿ ＿ ＿と，起訴された被告人双方（そうほう）の主張を聞き，証拠や証言を検討し，有罪か無罪か判断し，有罪であればどのような刑罰を科すか（量刑）を決定する。

(3) ③＿ ＿ ＿にはさまざまな権利（けんり）が保障されており，判決においても「疑（うたが）わしきは ③ の利益に」が原則である。

(4) 私人間の紛争は④＿ ＿ ＿ ＿で裁かれ，訴えた側が⑤＿ ＿，訴えられた側が⑥＿ ＿となり，双方の主張を聞いて裁判官が判決を下す。

(5) 国や地方公共団体の行政行為により権利を侵害された場合に，その行政行為の取り消しなどを求めて争うのが⑦＿ ＿ ＿ ＿である。

B 国民の司法参加と裁判員裁判

(1) 裁判に国民が参加することで，裁判に民意を反映させ，裁判への関心を高め，さらに裁判制度への信頼をより強固にすることを目的に⑧＿ ＿ ＿ ＿ ＿がはじまった。

(2) 司法制度改革として，⑧ 制度のほかに，法科大学院や⑨＿ ＿ ＿ ＿（日本司法支援センター）が設置された。

(3) 検察官が不起訴処分にした場合，その判断に疑いがあるときは，有権者から選出された委員による⑩＿ ＿ ＿ ＿ ＿で審議（しんぎ）される。

(4) 犯罪被害に対する意識の高まりから，刑事事件の被害者や遺族（いぞく）が裁判に参加し，証人尋問（じんもん）や被告人への質問ができる⑪＿ ＿ ＿ ＿ ＿ ＿ ＿が設（もう）けられた。

①
②
③
④
⑤
⑥
⑦
⑧
⑨
⑩
⑪
⑫
⑬

裁判員制度の概要

次の空欄に当てはまることばを書きなさい。

構　成	裁判官3人，裁判員（ ⑫ ）人 （裁判官1人と裁判員4人の場合もあり）
選　任	有権者からくじで選出
辞　退	病気や介護（かいご）・育児・仕事など一定の理由で可能
評　決	・事実認定…被告人が有罪か無罪かを決める ・量刑…有罪ならどれくらいの刑かを決める
（ ⑬ ）	違反すれば懲役（ちょうえき）・罰金刑（最高で懲役1年）

7　地方自治のしくみ

教科書p.78〜79

ポイント整理　教科書をみて当てはまることばを書いてみよう…………

／15問

A　地方自治の本旨

⑴　住民が参加して①＿＿＿＿＿＿（地方自治体）を運営してい
　　くことを，地方自治という。

⑵　地方公共団体が国から独立して運営されることを②＿＿＿＿，
　　住民の意思決定が反映されることを③＿＿＿＿といい，合わせて
　　「地方自治の本旨」という。

B　地方公共団体

⑴　地方公共団体の④＿＿（都道府県知事，市（区）町村長）は，
　　予算を編成・執行し，条例を執行する。

⑵　地方公共団体の仕事には，病院の開設許可など本来の仕事である
　　⑤＿＿＿＿のほかに，本来国が行うべき仕事（生活保護など）を
　　法令にもとづき自治体が行う⑥＿＿＿＿＿＿がある。

⑶　議会は条例の制定や予算審議のほかに，＿④＿に対する⑦＿＿＿
　　＿＿＿をもつ。いっぽうで，＿④＿は議会の⑧＿＿＿をもち，相
　　互に抑制し均衡する関係にある。

⑷　地方自治では，＿④＿と議会の選出に加えて，住民による⑨＿＿
　　＿＿＿＿が設けられ，＿⑩＿＿の制定・改廃（イニシアティブ），
　　＿④＿・議員の解職（リコール），議会の解散，監査，などを請求できる。

C　地方自治の課題

⑴　地方の独自性を高めるため，地方への権限移譲を進める⑪＿＿
　　＿＿＿＿＿が制定された。これにより，中央省庁の事務を自治
　　体が代行する⑫＿＿＿＿＿＿が廃止されて，＿⑥＿と＿⑤＿が設け
　　られた。

⑵　補助金・地方交付税・地方税財源については，＿⑬＿＿＿＿の改
　　革が行われたものの，なお不十分だと評価されている。

① _____
② _____
③ _____
④ _____
⑤ _____
⑥ _____
⑦ _____
⑧ _____
⑨ _____
⑩ _____
⑪ _____
⑫ _____
⑬ _____
⑭ _____
⑮ _____

直接請求制度

次の空欄に当てはまることば・数字を語群から選びなさい。

・議会の解散請求，議員などの解職は，有権者の３分の１以上の署名
　（人口が40万人未満の自治体の場合）により，（　⑭　）に請求する。

・条例の制定・改廃の請求，監査の請求に必要な署名数は，有権者の
　（　⑮　）以上である。

語群

監査委員	選挙管理委員会	首長
３分の１	10分の１	50分の１

8 選挙のしくみと課題

ポイント整理 教科書をみて当てはまることばを書いてみよう……………

／14問

A 選挙の原則

(1) 選挙の原則のうち，納税額や性別，資産などによる制限がない選挙を①＿＿＿＿という。

(2) 選挙の原則のうち，無記名による投票で投票の秘密を確保することを②＿＿＿＿という。

B 選挙制度

(1) 1選挙区から，最多得票者1人を選出する制度を③＿＿＿＿＿，2人以上選出する制度を④＿＿＿＿＿という。

(2) ③ では，落選者に投じられた⑤＿＿が得票の過半数をこえる場合もある。

(3) ⑥＿＿＿＿＿は，候補者ではなく政党に投票し，獲得した票数に比例した議席数を配分するので，民意を反映しやすい。

(4) ③ では⑦＿＿＿＿＿になりやすく，政権は安定し，一方，大選挙区制や比例代表制では⑧＿＿＿になりやすく，政権が不安定になるといわれている。

C 現行の選挙制度

(1) 現在の衆議院では，⑨＿＿＿＿＿＿＿＿＿＿＿が採用されている。

(2) ⑨ の選挙区では候補者に，比例代表では政党に投票するが，候補者は選挙区と比例代表に⑩＿＿＿＿＿が可能なので，選挙区で落選しても比例代表での復活当選が可能となる。

D 選挙の課題

(1) 衆議院の小選挙区では，選挙区の有権者数の違いが，⑪＿＿＿＿＿を生んでいる。

(2) 日本の選挙には他国と比較して禁止事項が多く，⑫＿＿訪問の禁止や頒布文書の枚数制限など，細部にわたり規制がある。

(3) 候補者以外の運動員の不正に対して，候補者本人も罰則が適用される⑬＿＿＿が強化された。

①
②
③
④
⑤
⑥
⑦
⑧
⑨
⑩
⑪
⑫
⑬
⑭

小選挙区比例代表並立制のしくみ

次の空欄に当てはまることばを書きなさい。

衆議院議員総選挙（小選挙区比例代表並立制）	
小選挙区　289	比例代表　176

1選挙区
1名選出

重複立候補が可能

全国
11ブロック

候補者に投票　　投票　　（⑭）に投票

9 政党政治

教科書p.84〜85

ポイント整理 教科書をみて当てはまることばを書いてみよう…………

／11問

A 政党とは

(1) 自らのかかげる政策を実現するため，有権者に訴え，選挙で議席を獲得し，政権獲得をめざす集団を①_____という。

B 日本の政党政治

(1) 戦後，長期政権をになう自由民主党と，日本社会党を中心とする野党が対峙するという②__ __ __ __が長く続いた。

(2) 1993年，自民党の分裂に端を発し，非自民勢力による③__ __政権（細川内閣）が成立し，_②_は崩壊した。

(3) 2009年には，選挙による④__ __ __ __が実現し，民主党政権が成立した。2012年には，再び_④_し，自民・公明の_③_政権となった。

(4) 2007年から2013年にかけては，衆議院で多数を占める政権与党が，参議院では過半数に満たないという⑤__ __ __国会が生じた。

(5) 欧米では，社会的地位や職業などにより支持政党が明確である場合が多いが，日本では支持政党のない⑥__ __ __ __の占める割合も高い。

C 利益集団（圧力団体）

(1) 自らの利益獲得のため，政党や政治家に対し資金提供や選挙協力を通じて働きかける集団を⑦__ __ __ __（圧力団体）といい，日本医師会などがあげられる。

D 政治資金をめぐる課題

(1) 政治献金に対する利益供与などの汚職をなくすため，⑧__ __ __ __ __ __ __が改正され，企業や労働組合からの政治家個人への献金が禁止されるなど，規制が強化された。

(2) _⑧_の改正と同時に⑨__ __ __ __ __が成立し，国の予算から一定の金額を政党に交付し，政治資金にあてることとした。

①
②
③
④
⑤
⑥
⑦
⑧
⑨
⑩
⑪

政治への働きかけ

次の空欄に当てはまることばを語群から選びなさい。

・アメリカでは議会外で，政治的な利害活動を行う人たちを（　⑩　）という。

・政治活動を支援する政治資金の寄付は認められるが，お金の寄付を受けた政治家がその見返りとして利益供与を行えば（　⑪　）となる。

語群
献金　　ロビイスト　　賄賂　　助成金
レファレンダム　　シャドー・キャビネット

10 国民と政治参加

ポイント整理 教科書をみて当てはまることばを書いてみよう…………

/14問

A 選挙権の拡大

(1) 大日本帝国憲法下では，①＿＿＿は男子のみに与えられ，さらに納税額によって制限が設けられていた。

(2) 大正デモクラシー期には②＿＿普通選挙が実現し，第二次世界大戦後に③＿＿普通選挙が実現した。

(3) 2015年には世界的な動向を受けて，選挙権年齢が④＿＿歳に引き下げられた。

B 政治的無関心

(1) 自分の投票行動が政治に影響を与えないという無力感や失望，政治家や政党に対する不信感に起因する⑤＿＿＿＿＿＿が問題となっている。

(2) 1票を投じる権利は，⑥＿＿政治の原理の根幹にかかわるものである。

C 世論とマスメディア

(1) さまざまな政治課題に対する個々の意見は，新聞やテレビなどの⑦＿＿＿＿＿＿やインターネットなどを通じて集積され，そこから⑧＿＿が形成される。

(2) ⑦ による選挙前の予想報道は，有権者の投票行動に影響を与える⑨＿＿＿＿＿＿＿＿効果がある。

(3) ⑧ 形成に大きな影響を与える ⑦ は，「⑩＿＿＿＿＿」とも表現された。

(4) 情報を受け取る側も，一方的で大量の情報を適切に取捨選択する⑪＿＿＿＿＿＿＿＿＿という能力が求められる。

D 国民と政治参加

(1) 主権者である国民が，政治に参加する機会は選挙だけではなく，集会や⑫＿＿行進への参加，署名活動，ＳＮＳなどでの発信により，自らの意思を表明することもできる。

① _____

② _____

③ _____

④ _____

⑤ _____

⑥ _____

⑦ _____

⑧ _____

⑨ _____

⑩ _____

⑪ _____

⑫ _____

⑬ _____

⑭ _____

日本の選挙権の拡大

次の空欄に当てはまることばを書きなさい。

年	有権者の資格	全人口に占める有権者の割合
1889年	男 直接国税15円以上 25歳以上の男子	約1%
1900	男 直接国税10円以上 25歳以上の男子	約2%
1919	男 直接国税3円以上 25歳以上の男子	約5%
1925	男 （ ⑬ ）歳以上の男子	約20%
1945	男 女 （ ⑭ ）歳以上の男女	約51%
2015	男 女 18歳以上の男女	約85%

1 法の機能と限界 ················ 教科書p.64～65

☐❶法律が機能する「公」の世界と，家族愛など，そこに収まらない価値が優先される「私」の世界を区別するべきだという考え方。

☐❷近年問題となっている，家庭内で立場の弱い存在に対する暴力を漢字5字で答えよ。

☐❸立法機関の立法作用や社会的慣習など人間の行為によってつくりだされた法。

☐❹❸のうち，文章の形をとって意識的に定められた法。制定法ともいう。

1 （ ／4問）

❶

❷

❸

❹

2 国会の運営と権限 ················ 教科書p.66～67

☐❶立法権は国会に，行政権は内閣に，司法権は裁判所に与えられ，三権相互の抑制と（ ）がはかられている。（ ）にあてはまる語句を答えよ。

☐❷国会の両院のうち，任期が短く，解散があり，民意をより反映すると考えられる議院。

☐❸国会が設置する，裁判官の罷免を審査する機関。

☐❹毎年1月に必ず召集される国会。常会ともいう。

☐❺内閣またはいずれかの議院の要求などにより召集される国会。臨時会ともいう。

☐❻特別会（特別国会）は，衆議院の（ ）総選挙後30日以内に召集される。（ ）にあてはまる語句を答えよ。

☐❼委員会のもとで開かれる，学識経験者や利害関係者を招き意見を聴く会。

☐❽閣法（内閣提出法案）に比べ，提出数・成立数ともに少ない，国会議員が法案を作成し提案する立法。

2 （ ／8問）

❶

❷

❸

❹

❺

❻

❼

❽

3 内閣と行政の民主化 ················ 教科書p.68～69

☐❶内閣総理大臣は（ ）でなければならず，国務大臣もその過半数が（ ）でなければならない。（ ）に共通してあてはまる語句を答えよ。

☐❷第1党が過半数に満たない場合などに組まれる，複数の政党が合同する政権。

☐❸内閣の政治が信頼できないとき，衆議院で出される決議。

☐❹法律にもとづき内閣が定める命令。

☐❺中央省庁で役割・権限を拡大してきた，専門的知識をもった公務員。

3 （ ／7問）

❶

❷

❸

❹

❺

□❻中央省庁が関連業界に対してもつ，事業を行うために必要な許可を出す権限。

□❼行政文書の開示を請求する権利を定め，行政運営の公正さと透明性を高めた法律。

❻
_____
❼

4 世界の政治体制……………………………教科書p.70〜71

4 （　　　　／5問）

□❶アメリカにおいて，連邦議会の法案に対して拒否権をもっている，行政の長。

□❷アメリカにおいて，違憲審査権をもち，政府と議会を監視している機関。

□❸中国では，権力分立を否定し，一党独裁体制を維持してきた。この党を何というか。

□❹中国の憲法で最高機関とされている，国会にあたる機関。「全人代」と略される。

□❺イスラム教の国で正しいと考えられてきた，宗教の原理に従った政治。

❶

❷

❸

❹

❺

5 裁判所と人権保障……………………………教科書p.72〜73

5 （　　　　／7問）

□❶裁判官が外部からの圧力や干渉のみならず，裁判所内部の上司などからも干渉されずに職責にあたること。

□❷下級裁判所のうち，家族間の問題や少年犯罪を扱う裁判所。

□❸三審制において，第一審の判決に不服がある場合，第二審を求めること。

□❹三審制において，第二審の判決に不服がある場合，第三審を求めること。

□❺最高裁判所で判決が確定後も，判決をくつがえすような新たな証拠が見つかるなどした場合に，再審理を行う制度。

□❻主権者である国民が，最高裁判所裁判官に対して罷免するかどうか，投票で審査する制度。

□❼国会で成立した法律や内閣の命令などが憲法に適合しているかを審査する，裁判所の権限。

❶

❷

❸

❹

❺

❻

❼

6 私たちと裁判……………………………教科書p.74〜75

6 （　　　　／8問）

□❶刑事裁判において，検察官が公益を代表して被疑者を裁判所に訴えること。

□❷刑事裁判では，判決において「疑わしきは（　　）の利益に」が原則とされる。

□❸民事裁判において，訴えた側のこと。

❶

❷

❸

□❹民事裁判では，裁判の過程で当事者の話し合いによるあゆみ寄りがなされ，（　　　）や裁判官による調停（ちょうてい）が成立する場合も多い。（　　　）にあてはまる語句を答えよ。

□❺国や地方公共団体の行政行為により権利を侵害（しんがい）された場合に，その行政行為の取り消しなどを求めて争う裁判。

□❻重要な刑事事件の第一審を対象として，有権者からくじで選ばれた裁判員が，裁判官とともに有罪か無罪か，有罪の場合は量刑をどうするかを判断する制度。

□❼司法制度改革の一環として設置された，法律の専門家を育てる機関。

□❽刑事事件の被害者や遺族（いぞく）が裁判に参加し，証人尋問（じんもん）や被告人への質問ができる制度。

❹
❺
❻
❼
❽

7　地方自治のしくみ……………………教科書p.78〜79

7　（　　　／8問）

□❶日本国憲法に示されている，団体自治と住民自治からなる地方自治制度の核心。

□❷首長（しゅちょう）と議会がともに住民の直接選挙により選ばれる制度。

□❸地方議会が議決し，首長が執行（しっこう）する，地方公共団体独自のきまり。

□❹飲食店の営業許可など，地方公共団体が行う本来の仕事。

□❺議会が首長に対して不信任議決権をもつのに対して，首長が議会に対してもっている権限。

□❻住民による直接請求制度のうち，❸の制定・改廃請求のカタカナでのよび名。

□❼住民による直接請求制度のうち，首長・議員の解職請求を表すカタカナのことば。

□❽かつて機関委任事務が約7割に達していたことから用いられた，不十分な地方自治の実態を表すことば。

❶
❷
❸
❹
❺
❻
❼
❽

8　選挙のしくみと課題……………………教科書p.82〜83

8　（　　　／9問）

□❶民主政治の発展の過程で確立された，1人につき1票を平等にもつ選挙の原則。

□❷候補者（こうほ）に直接投票する選挙の原則。

□❸多数意見が集約され，大政党に有利となるが，死票（しひょう）が多くなる選挙制度。

□❹政党に投票し，獲得した票数に比例した議席数を配分する選挙制度。

□❺小選挙区制で実現しやすい，2つの大政党を中心とする政党制。

❶
❷
❸
❹
❺

□❻大選挙区制や比例代表制で実現しやすい，3つ以上の政党が競う政党制。

❻ _____

□❼小選挙区比例代表並立制が採用されている国会の議院。

❼ _____

□❽選挙区と比例代表を分けて代表を選出している国会の議院。

❽ _____

□❾選挙区の有権者数の違いにより生まれる，選挙制度にかかわる課題。

❾ _____

9　政党政治··教科書p.84〜85

9　（　　　　／4問）

□❶政党は，（　　）にとって投票行動などの政治参加の指標，あるいは窓口となる。（　　）にあてはまる語句を答えよ。

❶ _____

□❷戦後，与党として長期政権をにない55年体制を築いた政党。自民党ともよぶ。

❷ _____

□❸自らの利益獲得のため，政党や政治家に対し資金提供や選挙協力を通じて働きかける集団。利益集団ともいう。

❸ _____

□❹国の予算から一定の金額を政党に交付し，政治資金にあてることとした法律。

❹ _____

10　国民と政治参加··································教科書p.86〜87

10　（　　　　／3問）

□❶大日本帝国憲法下では男子のみに与えられ，さらに納税額によって制限が設けられていた，選挙で投票する権利。

❶ _____

□❷自分の投票行動が政治に影響を与えないという無力感や失望，政治家や政党に対する不信感に起因する，現代の政治への態度についての問題。

❷ _____

□❸さまざまな政治課題に対する個々の意見を集積する，新聞やテレビなどの機関。

❸ _____

特集　メディア・リテラシー························教科書p.88〜89

特集　（　　　　／2問）

□❶報道や，インターネットの情報を適切に取捨選択し，主体的に読み解いて活用する能力のこと。

❶ _____

□❷虚偽であると見抜くことが難しくない情報でも，自分の考え方に沿った内容だと正しいものに見えてしまうこと。

❷ _____

特集　防災を考える··································教科書p.90〜91

特集　（　　　　／2問）

□❶適切な避難行動がとれるように自治体などが作成している，避難所や危険な場所を示した地図。

❶ _____

□❷阪神・淡路大震災が発生した1995年は，多くのボランティアが参加し，物心両面で復興をになったことから何とよばれているか。

❷ _____

年　　組　　番	点数	★ 思考・判断・表現
名前	／100点	／28点

★ 思考・判断・表現／無印 知識・技能

1　次の文章を読んで，設問に答えよ。

　　a国会においては，民主政治の精神や，b多数決による決定が尊重されなければならない。しかし，その決定が憲法に違反するものであったり，c人権を不当に制限するものであったりする場合には，d三権分立における司法による抑制（よくせい）も必要となる。e違憲審査権（しんさ）は，その意味で，法の支配を実現する手段の1つであり，民主政治との調和をはかりながらの活用が望まれる。

問1　下線部aについて，内閣またはいずれかの議院の国会議員の要求によって開かれる国会を，次の①～③のうちから1つ選べ。

①　常会（じょうかい）　　②　特別会　　③　臨時会

問2　下線部bについて，本会議での議決は通常，どのように行われるか。次の①～④のうちから1つ選べ。

①　定数の2分の1以上の出席議員による過半数の賛成

②　定数の3分の1以上の出席議員による過半数の賛成

③　定数の2分の1以上の出席議員による3分の2以上の賛成

④　定数の3分の1以上の出席議員による3分の2以上の賛成

問3　下線部cについて，戦前の日本では，罪を犯しそうな人を拘束（こうそく）する権限を警察に認めていた。この権限を何というか。

問4　下線部dについて，次のA・Bの（　　　　）に入る適語を答えよ。また，Cのi・iiから正しい語句を1つずつ選べ。

A　内閣不信任決議がされた場合，内閣は（　　　）するか，衆議院を解散して民意を問わなければならない。

B　国会は，裁判所に対しては，裁判官の罷免（ひめん）を審査する（　　　）をもつ。

C　内閣は，裁判所に対しては，最高裁判所長官の i【ア　任命　　イ　指名】，その他の裁判官の ii【ア　任命　　イ　指名】の権限を有する。

★問5　下線部eに関する右の資料について，最高裁判所がこのように判断した理由について，次の文章中の（　1　）～（　3　）に入る適語を答えよ。

　　国会は国民が選挙を通じて直接選出した国民の（　1　）で組織されており，内閣は（　2　）の下で国会と密接な関係を有している。一方，最高裁判所の場合，（　3　）の制

> 　　第3次吉田茂内閣により行われた衆議院の解散が，憲法上の根拠を欠くのではないかとして争われた裁判があった。この点について最高裁判所は，「衆議院の解散のような高度に政治的な国家行為については，その性質上，違憲審査権がおよばない」との判断を示し，合憲とも違憲とも明言しなかった。

度により国民のチェックを受けるものの，裁判官は国民によって直接選出されたわけではない。そのため，最高裁判所は高度に政治的な国家行為に対する判断を控えたという見方ができる。

2 次の文章を読んで，設問に答えよ。

　与党が国会とa内閣を一体として動かすという政治の形を，政党内閣という。b政党は国民の意思を選挙を通じてくみあげ，政策として実現するが，日本では選挙区ごとの利益を優先する活動が重視され，c政治資金もふくれあがっていった。そこで（　　　）の改正により，個々の政治家が企業・団体献金（けんきん）を受け取ることを禁止し，同時にd政党助成法が制定された。

問1　文章中の（　　　）に入る適語を答えよ。

問2　下線部aについて，政府の方針を決める会議が全会一致を原則としているなど，内閣はその一体性が求められる。この会議を何というか。

問3　下線部bについて示した右の図を見て，次の問いに答えよ。

⑴　A党とB党は連立政権を形成している。政権に参加しないC党のような政党を何というか。

⑵　図のような，3つ以上の政党が競い合う状態は，大選挙区制や比例代表制で実現されやすい。このような状態を何というか。

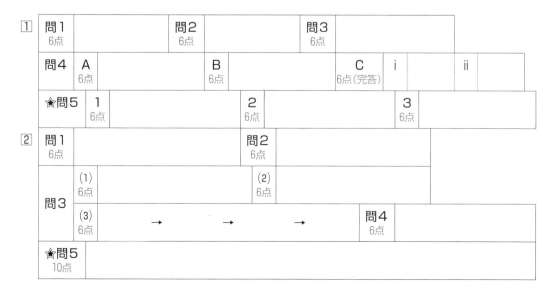

⑶　日本の政治の流れについて，次の①〜④を年代の古いものから順に並べよ。

①　政権交代が実現し，民主党政権が成立した。

②　自由民主党が40年近くにわたり長期政権をになった。

③　政権が交代し，自由民主党・公明党（こうめい）の連立政権が成立した。

④　非自民勢力による細川（ほそかわ）内閣が成立した。

問4　下線部cについて，自らの利益獲得のため，政党や政治家に対し資金提供や選挙協力を通じて働きかける集団を何というか。

☆問5　下線部dの法律のおもな内容を，「予算」「政治資金」の語を用いて説明せよ。

1	問1 6点			問2 6点			問3 6点			
	問4	A 6点		B 6点			C 6点（完答）		i	ⅱ
	☆問5	1 6点		2 6点			3 6点			
2	問1 6点				問2 6点					
	問3	⑴ 6点			⑵ 6点					
		⑶ 6点	→	→	→		問4 6点			
	☆問5 10点									

年　　組　　番	点数	★ 思考・判断・表現
名前	／100点	／15点

1　次の文章を読んで，設問に答えよ。

　身近な問題をもとに民主政治に対する態度を学ぶ場となる a 地方自治は，「（　1　）」とよばれる。b 住民は選挙によって首長と議員を選出し，選ばれた首長と議員が構成する議会は，抑制と均衡の関係にある。地方自治ではこうした間接民主制に加え，c 直接民主制のしくみも取り入れている。近年は d 地方公共団体の自主性が増し，「平成の（　2　）」により行政の効率化も進展したが，産業の衰退により e 財政危機におちいる自治体も現れている。

問1　文章中の（　1　）・（　2　）に入る適語を答えよ。

問2　下線部 a について，災害などのときには地方自治体の果たす役割が大きくなるが，災害の復興においては一般の人々の力も重要となる。阪神・淡路大震災などで注目された，無報酬で自分たちの時間や技術を提供する人々を何というか。

問3　下線部 b について，首長と議会がともに住民代表である制度を何というか。

問4　下線部 c について正しく説明したものを，次の①〜④のうちから1つ選べ。

①　ダム建設に反対する首長の不信任を議決した議会の解散を，監査委員に請求する。

②　視察と偽って不正に出張費を受け取っていた議員の解職を，議会に請求する。

③　原子力発電所建設の是非を問う住民投票条例の制定を，首長に請求する。

④　接待の実態を明らかにするために，食料費についての監査を選挙管理委員会に請求する。

問5　下線部 d を実現した地方分権一括法の内容について正しく説明したものを，次の①〜④のうちから1つ選べ。

①　法定受託事務のなかに新たに自治事務が加えられ，地方自治体の事務が再編されている。

②　機関委任事務が新設され，地方で処理した方が効率的な事務は地方自治体に委任された。

③　国と地方の関係は対等・協力関係となり，法定受託事務についても国の関与はなくなった。

④　自治事務においては，地方自治体が自らの責任と判断で地域の特性に応じた工夫ができる。

★問6　下線部 e について，右の資料は地方財政の歳入内訳を示したものである。「自主財源」とよばれるものの合計は何％か（その他を除く）。

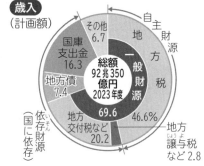

歳入（計画額）

その他 6.7
国庫支出金 16.3
地方債 7.4
地方交付税など 20.2
自主財源
地方税 46.6%
一般財源
依存財源（国に依存）
総額 92兆350億円 2023年度 69.6
地方譲与税など 2.8

＊全国の都道府県・市区町村の歳入の合計。

2　次の文章を読んで，設問に答えよ。

　選挙権は，人類の多年にわたる a 自由獲得の努力の成果の1つである。日本国憲法は，b 1人が1票の投票権をもつという意味での平等のみならず，投票価値の平等も要請しているとされる。そのため，「（　1　）」が課題となっている c 現在の選挙制度の議席配分は憲法に違反していると主張されてきた。一方で，国会においては衆議院と参議院からなる（　2　）が採用されており，

参議院については，地域代表の性格をもたせるために，投票価値の平等の要請をある程度後退させたとしても，憲法に違反しないという主張もある。例えば，d アメリカの連邦議会上院議員の選出方法には，こうした特徴がみてとれる。

問1 文章中の（ 1 ）・（ 2 ）に入る適語を答えよ。

問2 下線部 a について，日本で男子普通選挙が実現した時期を，次の①～④のうちから1つ選べ。

① 第二次世界大戦直後 　　② 大正デモクラシー期

③ 高度経済成長期 　　④ 大日本帝国憲法発布直後

問3 下線部 b は，選挙の4つの原則のうち何という原則か。

問4 下線部 c について，次の問いに答えよ。

(1) 次の文章中の（ A ）～（ D ）に当てはまる適語を答えよ。

・衆議院においては，（ A ）制と（ B ）制が採用されており，衆議院議員の定数のうち，（ B ）選出議員より（ A ）選出議員の方が多い。

・参議院においては，全国を1つの単位とする（ B ）選挙と，原則，都道府県単位（一部合区の例外あり）の（ C ）選挙がともに採用されている。

・衆参両院の（ B ）選挙における議席は，（ D ）式によって，各政党の得票数に応じて配分される。

★(2) (1)の（ A ）制の欠点を，「死票(しひょう)」「少数意見」の語を用いて説明せよ。

問5 下線部 d について，アメリカの権力分立制について説明した文として誤っているものを，次の①～④のうちから1つ選べ。

① 大統領は連邦議会から不信任されることがある。

② 大統領は，連邦議会に予算案や法律案を提出する権限をもっていない。

③ 大統領は，教書によって法案提出を促(うなが)すことができる。

④ 最高裁判所は違憲審査権をもち，政府と連邦議会を監視(かんし)している。

①	問1	1 7点			2 7点			
	問2 7点			問3 7点			問4 7点	
	問5 7点		★問6 7点			%		
②	問1	1 7点		2 7点		問2 7点		問3 7点
	問4	(1) 8点(完答)	A		B			
			C		D			
		★(2) 8点						
	問5 7点							

1　経済活動と私たちの生活

ポイント整理　教科書をみて当てはまることばを書いてみよう…………

／15問

A　経済活動と私たちの生活

(1)　食料・衣料など形のあるものを①__といい，教育・医療など形の
ないものを②__ __ __ __という。

(2)　_①_や_②_を生産・分配・消費する活動が③__ __であり，その
活動は④__ __による生産と，貨幣（かへい）を仲立（なかだ）ちとした交換，そして消
費する活動によって営（いとな）まれている。

B　経済主体と経済活動

(1)　生産や消費などの経済活動を行う家計，企業，政府の３つの主体
を⑤__ __ __ __という。

(2)　３つの_⑤_のなかで，貨幣を仲立ちとして財やサービスが取り引
きされる流れを⑥__ __ __という。

(3)　_⑤_の資金の流れを円滑（えんかつ）にする役割は，⑦__ __ __ __がになって
いる。

C　経済活動の目的と課題

(1)　商品となり得る資源には必ず限りがある。このことを，⑧__ __
__ __ __という。

(2)　⑨__ __（欲望）と供給（限りある資源）は市場（しじょう）取引によって調
整される。この調整の役割をになうのが価格であり，この価格を媒（ばい）
介（かい）としたしくみを⑩__ __ __ __という。

(3)　効率性の追求は，
必ずしも人々の所得
や待遇（たいぐう）を同じくする
こと（⑪__ __ __）
にはならず，対立す
ることもある。

(4)　２つのことを同時
に両立できない状況
を⑫__ __ __ __ __
__といい，_⑧_によ
り引き起こされる。

経済の３主体と経済循環

次の空欄に当てはまることばを書きなさい。

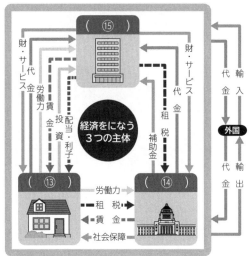

①
②
③
④
⑤
⑥
⑦
⑧
⑨
⑩
⑪
⑫
⑬
⑭
⑮

経済ゼミナール　経済学の考え方
経済ゼミナール　資本主義の進化

ポイント整理 教科書をみて当てはまることばを書いてみよう……………

／13問

経済学の考え方

(1) 人々が必要とする（需要が高い）が，豊富にあれば（供給が豊富），希少性は①＿＿なる。

(2) 私たちは「時間」という②＿＿＿にしばられている。限られた時間のなかで，何かを選択するということは，それ以外の選択を捨てていることであり，この相反する関係を③＿＿＿＿＿＿という。

(3) 何かを選択したときに何かを手放さなければならない，その手放したものの価値，つまり，_③_で選択しなかったことによる損失を，④＿＿＿＿という。

資本主義の進化

(1) 生産手段を所有する資本家が，労働者を雇用して利益（利潤）を追求し，自由競争による経済発展をはかる経済体制を⑤＿＿＿＿という。

(2) アダム=スミスは『⑥＿＿＿』のなかで，生産性や効率性を増大させる分業や，利己心に動機づけられた交換によって形成される商業活動が，市民社会を形成することを，神の「⑦＿＿＿＿＿」とよんだ。

(3) アダム=スミスの考えは，「小さな政府」を志向する⑧＿＿＿＿＿＿（レッセ・フェール）の思想に影響を与えた。

(4) ⑨＿＿＿＿の『資本論』は，資本主義経済の分析を通じて社会主義経済の重要性を説いた。

(5) ⑩＿＿＿＿は『雇用，利子および貨幣の一般理論』のなかで，失業の原因を有効需要の不足によるものとした。

(6) ⑪＿＿＿＿＿＿＿などが提唱してきた市場経済の原理を活用し，「小さな政府」を志向する新自由主義とよばれる考えがでてきた。

①
②
③
④
⑤
⑥
⑦
⑧
⑨
⑩
⑪
⑫
⑬

資本主義経済の変容

次の空欄に当てはまることばを書きなさい。

資本主義の形成 （18世紀後半）	資本主義の発展 （19世紀後半〜20世紀前半）	新たな段階 （20世紀後半〜）

自由放任
（レッセ・フェール）

（ ⑬ ）
（混合経済）

新自由主義

グローバル経済
金融資本主義

（ ⑫ ）

市場経済の導入

2 市場のしくみ
経済ゼミナール　需要曲線と供給曲線

ポイント整理 教科書をみて当てはまることばを書いてみよう…………

/12問

A　市場のしくみと役割

(1) 資本主義経済では，市場を通じて財やサービスの取り引きが行われている。このような経済を①＿＿＿＿という。

(2) 生産者が小規模で②＿＿＿＿（自由競争）が成立する市場では，買い手の購入数量（需要）が増えれば価格は上昇し，売り手の販売数量（供給）が増えれば価格は低下する。

(3) 財やサービスの需要と供給の増減により，市場で決まる価格を③＿＿＿＿＿という。

(4) 価格の変動に導かれて需要と供給が一致するしくみを，価格の④＿＿＿＿＿＿＿という。

(5) 需要と供給が一致した結果，社会全体として望ましい効率的な資源の最適配分が達成される働きを⑤＿＿＿＿＿＿＿＿という。

需要曲線と供給曲線

(1) 縦軸に価格，横軸に需要量（買いたい量）をとったグラフで示した⑥＿＿＿＿は，通常右下がりの曲線になる。

(2) 縦軸に価格，横軸に供給量（売りたい量）をとったグラフで示した⑦＿＿＿＿は，通常右上がりの曲線になる。

(3) 買いたい量と売りたい量が一致した（需要量＝供給量）ときの価格を⑧＿＿＿＿，取り引きの量を⑨＿＿＿＿＿といい，需給曲線のグラフでは，需要曲線と供給曲線がまじわる点にあたる。

(4) 価格以外の条件が変化すると，発生した条件の変化が需要・供給のいずれかによって，その曲線が左方または右方に⑩＿＿＿（移動）する。

①
②
③
④
⑤
⑥
⑦
⑧
⑨
⑩
⑪
⑫

需要曲線・供給曲線のシフト

次の空欄に当てはまることばを書きなさい。

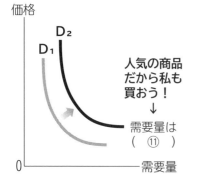

シフトする需要曲線

価格

D₂
D₁

人気の商品だから私も買おう！
↓
需要量は（　⑪　）

需要量

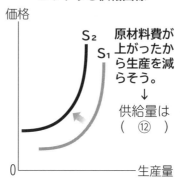

シフトする供給曲線

価格

S₂
S₁

原材料費が上がったから生産を減らそう。
↓
供給量は（　⑫　）

生産量

3 市場の失敗

ポイント整理 教科書をみて当てはまることばを書いてみよう…………

／12問

A 独占・寡占

(1) 市場が少数の企業によって圧倒的な市場占有率により支配されている状態を①＿＿，1社によって支配されている状態を②＿＿という。

(2) 規模が大きい企業ほど，利益（利潤）が増大する③＿＿＿＿＿＿（スケールメリット）が働く現代の市場では，＿①＿市場が一般的である。

(3) 独占市場，寡占市場においては，有力企業が④＿＿＿＿＿＿＿＿＿（価格先導者）となって価格を決め，ほかの企業がこれにならう管理価格が形成されやすい。

(4) 管理価格が形成され，価格競争が弱められて価格が下がりにくくなることを価格の⑤＿＿＿＿＿という。

(5) 日本では，企業どうしの協定（カルテル）などを禁じた⑥＿＿＿＿＿が制定されている。

B 市場の失敗

(1) 市場による調整は万能ではなく，その働きには限界がある。これを⑦＿＿＿＿＿といい，独占や寡占もその具体例の1つである。

(2) 道路などの社会資本，警察などの公共サービスは⑧＿＿＿とよばれ，市場原理だけに任せておいては供給されない。

(3) ある経済主体の経済活動が，市場をとおさずにほかの経済主体に利益や不利益を及ぼすことを外部性といい，公害は⑨＿＿＿＿＿の典型的な例である。

(4) 市場において売り手と買い手の間に情報の格差があり，買い手に十分な情報がない状態を⑩＿＿＿＿＿＿＿という。

依存効果と市場の失敗

次の空欄に当てはまることばを語群から選びなさい。

・アメリカの経済学者の（ ⑪ ）は，現代の「豊かな社会」の問題として，広告などにより欲望水準が決まってくる依存効果をあげた。

・公共財には，費用を払わない人も排除できない非排除性，多くの人が同時に利用できる（ ⑫ ）という性質がある。

語群 | 希少性　　ケインズ　　非競合性
ガルブレイス　　効率性　　フリードマン

①

②

③

④

⑤

⑥

⑦

⑧

⑨

⑩

⑪

⑫

4　現代の企業

ポイント整理 教科書をみて当てはまることばを書いてみよう…………

／12問

A　企業の目的と活動

(1)　企業は，①＿＿（利益）の獲得を目的に生産活動を行う。

(2)　企業は株式や②＿＿を発行したり，銀行から借り入れたりして多額の資金を調達している。

B　株式会社のしくみ

(1)　③＿＿＿＿は株式の発行によって，多くの人々から集めた資金をもとにして会社を設立する。

(2)　株式を購入した株主は，自分の出資額をこえて責任を負うことはない。これを④＿＿＿＿という。

(3)　現代では，株主は経済的利益のみを追求し，経営は専門の経営者に任せる所有（資本）と経営の⑤＿＿が進んでいる。

C　現代の企業と社会的責任

(1)　現代の大企業は，複数の国に子会社などをもち，国際的規模で活動する⑥＿＿＿＿＿や，異業種のM＆A（合併・買収）により巨大化した⑦＿＿＿＿＿（コングロマリット）が一般的である。

(2)　経営者が株主や会社の利益に反しないよう監視・監督する⑧＿＿＿＿＿＿＿＿＿＿＿＿＿（企業統治）が強化されている。

(3)　経営者の企業倫理の確立のため，経営内容を公開することを⑨＿＿＿＿＿＿＿＿＿＿という。

(4)　企業の社会的責任（CSR）には，芸術や文化活動を支援する⑩＿＿＿や，法令や規範を守る法令遵守（コンプライアンス）などがある。

①
②
③
④
⑤
⑥
⑦
⑧
⑨
⑩
⑪
⑫

企業形態の種類

次の空欄に当てはまることばを書きなさい。

企業形態		種　類
	個人企業	個人商店など
（⑪）法人企業	会社企業	株式会社・合同会社・合資会社・合名会社
	組合企業	消費者協同組合・生産者協同組合など
（⑫）国	独立行政法人	造幣局・国立印刷局など
	その他	国立大学法人など
	地方	市バス・水道など

経済ゼミナール　株式って何？

教科書p.104〜105

ポイント整理 教科書をみて当てはまることばを書いてみよう…………

[　　　　　/12問]

(1) 株式会社に対して出資した「証明書」として発行されるのが①＿＿（株）であり，この発行により，出資者である②＿＿に対して経営への参加を認めることになる。

(2) もし株式会社の事業が失敗しても，③＿＿＿＿の原則により出資者は出資額の範囲でしか責任を負わないので，出資者にとってリスクは限定的である。

(3) ②は，会社の重要事項を決める④＿＿＿＿に参加し，保有株式数に応じた議決権を行使することができる。

(4) 現代では，株式が分散されている場合が多いため，会社の経営は専門の経営者である⑤＿＿＿に任せ，株主は，会社の経営に直接かかわらない場合が多い。

(5) ②は，会社の経営への参画よりも，①の売却益である⑥＿＿＿＿＿＿＿＿を目的に投資するようになった。

(6) 一定の条件を満たして上場した企業の①は，⑦＿＿＿＿＿で売買される。

(7) ⑧＿＿＿＿＿は，ある時点での企業の財務状態（ストック）をあらわす表であり，資産・負債・純資産のそれぞれの金額を把握することができる。

(8) ⑨＿＿＿＿＿は，特定の会計期間（たとえば1年間）の経営成績（フロー）をあらわす表であり，収益・費用とその差額で求められる純利益を把握することができる。

(9) 利ざやの獲得だけをめざした株式売買を，投資と区別して⑩＿＿＿＿＿とよぶことがある。

①
②
③
④
⑤
⑥
⑦
⑧
⑨
⑩
⑪
⑫

株式投資で経済活動に参加

次の空欄に当てはまることばを書きなさい。

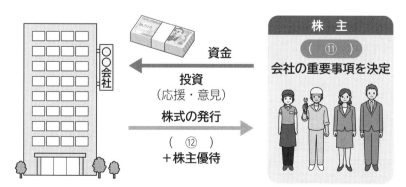

資金

投資
（応援・意見）

株式の発行

（　⑫　）
＋株主優待

株　主

（　⑪　）

会社の重要事項を決定

5 国民所得
経済ゼミナール　ＧＤＰって何？

ポイント整理 教科書をみて当てはまることばを書いてみよう…………

／12問

A　国民経済全体をはかる指標

(1) ＧＤＰ（国内総生産）は，一定期間（通常は１年間）に，国内で生産された財やサービスの総額から，原材料費などの中間生産物の価額を差し引いた①＿＿＿＿の合計である。

(2) ＧＤＰは，一定期間内に生みだされた生産額であり，②＿＿＿の概念である。これに対し，道路や上下水道などの社会資本のように，今までに蓄積された資産をストックといい，③＿＿が代表的指標となる。

B　国民所得の諸概念

(1) ＧＮＰ（国民総生産）を所得面からとらえたものを④＿＿＿（国民総所得）という。

(2) ＧＮＰや④から，固定資本の減耗分を差し引いたものを⑤＿＿＿（国民純生産），さらに，間接税を引き補助金を加えたものを⑥＿＿（国民所得）とよぶ。

(3) 国民所得は生産面・分配面・支出面からとらえることもでき，金額的には等しくなる。これを国民所得の⑦＿＿＿＿という。

ＧＤＰって何？

(1) 土地や株式の値上がりによる売却益である⑧＿＿＿＿＿＿＿＿は，ＧＤＰには含まれない。

(2) 市場で取り引きされなくても，ＧＤＰに含まれるものとして，政府サービスや農家の⑨＿＿＿＿があげられる。

(3) ＧＤＰは１年間の①の合計なので，街並みや歴史的建造物といった⑩＿＿＿＿の部分は反映されない。このため，「豊かさ」をはかるうえで絶対的なモノサシとはいえない。

①
②
③
④
⑤
⑥
⑦
⑧
⑨
⑩
⑪
⑫

国民所得の相互関連

次の空欄に当てはまることばを書きなさい。

6 景気変動と物価の動き

ポイント整理 教科書をみて当てはまることばを書いてみよう…………

／12問

A 景気変動と物価

(1) 資本主義経済において，技術革新や設備投資，在庫投資などの関係で好況と不況が周期的にくり返されることを①＿＿＿＿（景気循環）という。

(2) 不況期には，設備投資の減退や失業の増加，物価が持続的に下落する②＿＿＿＿＿＿＿＿（デフレ）傾向が見られる。

B 物価と国民生活

(1) 財やサービスの価格の平均的水準である物価は，小売り段階での価格動向である③＿＿＿＿＿＿＿＿，卸売り段階での企業間で取り引きされる生産財の価格動向である④＿＿＿＿＿＿であらわされる。

(2) 物価が持続的に上昇するインフレーションには，年率数％程度物価が上昇する⑤＿＿＿＿＿＿・インフレや，それよりも物価上昇率の高くなる⑥＿＿＿＿＿＿＿・インフレ，さらに戦争などの影響で破壊的な物価上昇がおこる⑦＿＿＿＿・インフレがある。

(3) 石油危機の影響で世界的な不況となり，世界各国は，景気の停滞と物価の上昇が同時に起こる⑧＿＿＿＿＿＿＿＿＿にみまわれた。

(4) バブル崩壊後の不況期には，不況がデフレを生みデフレが不況を生むという⑨＿＿＿＿＿＿＿＿という負の連鎖が見られた。

C デフレの克服

(1) 2008年に起こった⑩＿＿＿＿＿＿＿＿＿＿＿を契機とする世界的な金融危機や不況の影響で，再び日本はデフレとなった。

(2) 2012年に成立した自民党の安倍内閣は，大胆な金融緩和策や，大規模な財政出動などを骨子とする「⑪＿＿＿＿＿＿」とよばれる景気浮揚策を実施した。

①
②
③
④
⑤
⑥
⑦
⑧
⑨
⑩
⑪
⑫

インフレ・デフレとは？

次の空欄に当てはまることばを書きなさい。

	（ ⑫ ）（インフレ） （物価が10％上昇したら）		（②）（デフレ） （物価が10％下落したら）
買い物の場合	1,100円に値上がり （1,000円で買えない）	商品 1,000円	900円に値下がり （おつりがくる）
お金と商品の関係	1,000円の価値が下がった ＝お金の価値が10％下がった	千円	1,000円の価値が上がった ＝お金の価値が10％上がった

7 財政の役割

ポイント整理 教科書をみて当てはまることばを書いてみよう………

／12問

A 日本の財政制度

(1) 国や地方公共団体が行う経済活動（収入と支出）のことを，①__ __という。

(2) 国の場合，本予算には，一般行政にともなう②__ __ __ __，特定の事業を扱う③__ __ __ __のほか，政府が出資する特殊法人などの予算である政府関係機関予算がある。

(3) 第二の予算とよばれる財政投融資は，規模が縮小され，2001年からは④__ __ __ __ __などの発行によって市場から資金を自主調達するしくみとなっている。

B 財政の役割と財政政策

(1) 財政の役割（機能）には，市場では供給できない公共財や公共サービスを提供する⑤__ __ __ __ __ __ __ __ __ __（公共財の供給機能）がある。

(2) 所得格差の是正のため，累進課税制度で高所得者から多く税を徴収し，その税収を社会保障給付によって低所得者に移転する財政の役割（機能）を，⑥__ __ __ __ __ __ __という。

(3) 累進課税制度と社会保障制度を組みこむことによって，景気を自動的に安定させる財政の役割（機能）が，財政の自動安定化装置，すなわち⑦__ __ __ __ __ __ __ __ __ __ __ __ __である。

(4) 政府は，不況時には公共事業を増やして減税を実施し，景気が過熱したときには，財政支出を減らして景気を抑制するなどの裁量的財政政策，すなわち⑧__ __ __ __ __ __ __ __ __ __ __を実施する。

C 日本の財政の現状

(1) 国の一般会計予算の歳入に占める，国債の発行による借金を⑨__ __ __という。

(2) 国の一般会計予算の歳出に占める，過去に借りた国債の返済金を⑩__ __ __という。

① _____
② _____
③ _____
④ _____
⑤ _____
⑥ _____
⑦ _____
⑧ _____
⑨ _____
⑩ _____
⑪ _____
⑫ _____

ビルトイン・スタビライザーとは？

次の空欄に当てはまることばを書きなさい。

ビルトイン・スタビライザー	国民の所得が増え，失業率が下がったら	国民の所得が減り，失業率が上がったら
装置❶ （ ⑪ ）制度	所得税の（⑪）制度により実質増税	所得税の（⑪）制度により実質減税
装置❷ （ ⑫ ）制度	失業保険などの（⑫）給付が減少	失業保険などの（⑫）給付が上昇
	景気過熱を抑制	景気悪化を抑制

8 財政の課題

ポイント整理 教科書をみて当てはまることばを書いてみよう…………

／13問

A 日本の租税制度

(1) 財政収入の中心は租税であり，国民に対する課税は国会の議決による法律にもとづかなければならないとすることを，①_____ ____という。

(2) 租税は，国に納める国税と地方自治体に納める②___と分類され，また，納税者（税金を納める人）と担税者（税を負担する人）が同じ③___と，納税者と担税者が異なる間接税に分類される。

(3) 日本を含めて多くの国が直接税で，所得が高くなるにつれて税率を高くする④____制度を採用している。

(4) 消費税などの間接税は，所得に関係なく一律に課税されるので，低所得者ほど税負担率が高くなるという⑤___がある。

(5) 日本の直間比率は，消費税が導入されて以来，⑥___の比率が高くなってきている。

B 日本の財政問題と財政危機

(1) 国家の財政収入の不足を補う国債のうち，公共事業等のための⑦____の発行は認められている。実際にはこれ以外に，⑧____（赤字国債）の発行が続けられてきた。

(2) 国債費（国債の償還のための諸費用）の割合が高くなると，将来世代の負担を増大させ，財政の⑨___を招く。

C 財政改革と財政の課題

(1) 2000年代に小泉内閣は，「聖域なき⑩____」をかかげて歳出の削減に取り組み，一定の成果をあげた。

(2) 政府は，⑪__ _____（基礎的財政収支）の黒字化をめざしているが，安倍内閣以降は景気回復・デフレ脱却を優先してきたことから歳出は増加傾向にある。

①
②
③
④
⑤
⑥
⑦
⑧
⑨
⑩
⑪
⑫
⑬

日本の税体系

次の空欄に当てはまることばを書きなさい。

70兆0,383億円 **国税内訳**（*62.9%*）　**地方税内訳** 41兆3,073億円（*37.1%*）

■直接税
■間接税

市町村税 *8.9%*
固定資産税 *8.5*
道府県民税 *4.7*
事業税 *4.1*
（ ⑫ ）*18.3%*
法人税 *12.0*
相続税 *2.4*
その他
（ ⑬ ）*19.4*
その他 *1.9*
4.2
その他
5.3
1.0
その他 *3.7*
地方消費税
揮発油税 酒税 *1.0* 地方たばこ税 *0.9*

租税総額 111兆3,456億円（2022年度当初予算）

相続税 *3.7*

（『財政金融統計月報』2022.5により作成）

9 金融のしくみと働き

教科書p.118〜119

ポイント整理 教科書をみて当てはまることばを書いてみよう…………

/14問

A 通貨と通貨制度

(1) 経済的な取り引きの仲立ちをするものを①＿＿といい，交換手段としての機能のほかに，モノの価値をはかる②＿＿＿＿機能，支払い手段となる機能，価値貯蔵機能がある。

(2) ＿①＿のなかで実際に流通しているものを③＿＿という。

(3) 市場全体に供給されている通貨の量を④＿＿＿＿＿＿＿といい，金融政策を実施するうえで重要な指標として利用されている。

(4) 現在の通貨制度は⑤＿＿＿＿＿＿となっており，通貨価値の安定と通貨の発行は国家によって維持・管理されている。

(5) 近年は，貨幣価値を電子的なデータに変換して，ＩＣカードやスマートフォンで決済ができるようにした電子マネーが普及し，世界的に⑥＿＿＿＿＿＿＿＿が進んでいる。

B 金融のしくみ

(1) 金融には，資金需要者が株式や社債などを発行して，資金供給者から直接資金を調達する⑦＿＿＿＿と，銀行などの金融機関を介して資金供給者から間接的に資金を調達する⑧＿＿＿＿がある。

(2) 日本では金融の⑨＿＿＿が進んだ結果，しだいに＿⑦＿の割合が増えてきている。

C 金融機関の役割

(1) 銀行には，預金業務（預金の受け入れ）・⑩＿＿＿＿（資金の貸し付け）・為替業務（現金を使わない資金の移動）の３大業務がある。

(2) 資金のあまっている経済主体から資金を預かり，資金の不足している主体に貸し出す銀行の機能を，⑪＿＿＿＿＿＿という。

(3) 送金や自動支払いといった方法で，現金を使わずに資金の決済を行う銀行の機能を，⑫＿＿＿＿という。

①
②
③
④
⑤
⑥
⑦
⑧
⑨
⑩
⑪
⑫
⑬
⑭

信用創造のしくみ

次の空欄に当てはまることばを語群から選びなさい。

・市中金融機関（銀行）が預金と貸し出しをくり返すことで，お金が増えるしくみを（ ⑬ ）という。

・新規預金を預かった銀行は，その一部を制度上の決まりとして，日本銀行に預け，残りを企業などへの貸し出しにまわす。この日本銀行へ預ける割合を（ ⑭ ）という。

語群

信用創造	資源配分	財政投融資
預金準備率	市場占有率	国債依存度

10 中央銀行と金融の自由化

ポイント整理 教科書をみて当てはまることばを書いてみよう…………

／14問

A 日本銀行の役割

(1) 日本の中央銀行である日本銀行は、①＿＿＿＿として日本銀行券（紙幣）の独占的発行権をもつ。

(2) 日本銀行は、②＿＿＿＿として市中銀行への資金供給を行い、③＿＿＿＿として政府の口座をもち、国庫金の出納や政府への貸し付けなどを行っている。

B 金融政策

(1) 日本銀行の最も重要な金融政策の手段は④＿＿＿＿＿＿（オペレーション）であり、市中の金融機関との間で国債などの有価証券を売買して⑤＿＿＿＿＿＿＿（通貨量）を調整し、政策金利を誘導している。

(2) 2000年代の前半には、バブル崩壊後のデフレ不況からの脱却のため、政策金利を０％に誘導する⑥＿＿＿＿＿や、政策目標を従来の金利ではなく通貨量を増やすことにおく⑦＿＿＿＿＿が行われた。

(3) 2013年以降は、市中銀行の日銀当座預金の一部の利子率をマイナスにする⑧＿＿＿＿＿＿＿＿も行われた。

C 金融の自由化と国際化

(1) かつて日本の金融機関は、⑨＿＿＿＿＿とよばれる保護と規制のもとにあったが、1990年代に経済のグローバル化が進むなか、日本版⑩＿＿＿＿＿＿とよばれる金融の自由化構想を打ちだした。

(2) バブル経済の崩壊後、倒産する企業が続出したため、政府は預金保護のために⑪＿＿＿制度を導入するなど金融システムの安定化に努めた。また、金融機関の監督強化のために⑫＿＿＿＿を設置した。

① _____
② _____
③ _____
④ _____
⑤ _____
⑥ _____
⑦ _____
⑧ _____
⑨ _____
⑩ _____
⑪ _____
⑫ _____
⑬ _____
⑭ _____

日本銀行とお金の流れ

次の空欄に当てはまることばを書きなさい。

（　⑬　）オペ
（　⑭　）オペ
（中央銀行）

市中

通貨量＝マネーストック

政府 — 出納 → 日本銀行 → 市中の金融機関 — 貸し付けなど → 家計

政府の銀行
準備預金
銀行の銀行

市中銀行 ⇅ 市中銀行（コール市場）（信用創造）

賃金など / 支払いなど
預金など
企業

矢印＝お金の流れ

1　経済活動と私たちの生活‥‥‥‥‥‥‥‥‥教科書p.94〜95

□❶財やサービスを生産・（　　）・消費する活動が経済である。

（　　）にあてはまる語句を答えよ。

□❷現代の経済活動を成り立たせている，交換の仲立ちとなるもの。

□❸家計・企業とともに，生産や消費などの経済活動を行う経済主体を構成するもの。

□❹需要（欲望）と供給（限りある資源）が市場取引によって調整されるとき，その調整の役割をになうもの。

1	（　　／4問)
❶	
❷	
❸	
❹	

経済ゼミ　経済学の考え方‥‥‥‥‥‥‥‥‥‥‥‥教科書p.96

□❶多くの人たちが欲しいと思っているにもかかわらず，数が少ないという性質のこと。

□❷何かを選択しているということは，それ以外の選択を捨てていることであるという，相反する関係のこと。

経済ゼミ （　／2問)
❶
❷

経済ゼミ　資本主義の進化‥‥‥‥‥‥‥‥‥‥‥‥‥教科書p.97

□❶『国富論』を著し，自由放任主義（レッセ・フェール）の思想に影響を与えた思想家。

□❷マルクスが『資本論』で論じた，生産手段の国有化と集権的な経済計画のもとで生産管理を行う経済体制。

□❸『雇用，利子および貨幣の一般理論』のなかで，失業の原因を有効需要の不足によるものとし，その解決として国家による有効需要の創出により完全雇用を達成すべきと述べた学者。

経済ゼミ （　／3問)
❶
❷
❸

2　市場のしくみ‥‥‥‥‥‥‥‥‥‥‥‥‥‥‥‥‥‥教科書p.98

□❶買い手の購入数量に対して，売り手の販売数量のこと。

□❷財やサービスの需要と供給の増減によって，市場で決まる価格。

□❸価格の変動に導かれて需要と供給が一致するという，価格の自動調整機能を，アダム=スミスが表現したことば。

□❹完全（自由）競争が成立する市場において，需要と供給が一致することによって財やサービスがすべて消費された結果，達成されること。

2	（　　／4問)
❶	
❷	
❸	
❹	

経済ゼミ　需要曲線と供給曲線‥‥‥‥‥‥‥‥‥‥‥教科書p.99

□❶縦軸に価格，横軸に需要量・供給量をとった需給曲線のうち，右下がりの曲線。

□❷買いたい量（需要量）と売りたい量（供給量）が一致したときの価格。

経済ゼミ （　／2問)
❶
❷

3 市場の失敗 ················ 教科書p.100〜101

- □❶自由競争が行われず，1社によって支配されている状態の市場。
- □❷業界全体に占める，各企業の販売数などの割合。マーケットシェアともいう。
- □❸寡占市場において，有力企業がプライス・リーダー（価格先導者）となって決定し，ほかの企業がそれにならう価格。
- □❹企業どうしの協定によって，価格や販路，生産量を決定すること。企業連合ともいう。
- □❺トラストや❹などを禁じた独占禁止法の運用にあたっている行政委員会。
- □❻広告や宣伝，品質やデザインを他社と異なるものにして商品の差別化をはかるなど，価格競争以外の手段で競争すること。
- □❼ある経済主体の経済活動が，市場をとおさずにほかの経済主体に利益や不利益を及ぼすこと。

❶
❷
❸
❹
❺
❻
❼

4 現代の企業 ················ 教科書p.102〜103

- □❶生産や消費などの経済活動を行う経済主体のうち，生産活動の中心となるもの。
- □❷株式会社の株式を購入し，株主総会に出席し発言や議決をする権利をもつ者。
- □❸❷が株式の保有額に応じて，株式会社から受け取る利益の分配。
- □❹巨大な複合企業（コングロマリット）を生む要因となっている，異業種間の合併・買収。
- □❺経営者の責任を，株主が裁判を通じて追及すること。
- □❻企業が従業員の労働環境や福利厚生に努めるとともに，消費者や地域住民にとっても意義ある存在であろうとする，さまざまな責任。ＣＳＲともいう。
- □❼企業が行う，教育・福祉・環境などのための寄付や奉仕活動のカタカナのよび名。

❶
❷
❸
❹
❺
❻
❼

経済ゼミ 株式って何？ ················ 教科書p.104〜105

- □❶投資してくれる人を探した株式会社が発行する，出資したことの「証明書」。株ともいう。
- □❷株式会社の事業が失敗しても，出資者は出資額の範囲でしか責任を負わないとする原則。
- □❸財務諸表のうち，ある時点での企業の財務状態（ストック）をあらわす表。
- □❹投機的取引を目的とし，世界の株式市場を左右している巨大な投資家。

❶
❷
❸
❹

思考実験 お金で買えないものってある？……教科書p.106〜107

- □❶『それをお金で買いますか』を著したアメリカの哲学者。
- □❷報酬など，人々の行動や意思決定を変える要因となるもの。

5 国民所得 ……………………………………………教科書p.108

- □❶一定期間に，国内で生産された財やサービスの総額から，原材料費などの中間生産物の価額を差し引いた付加価値の合計。国内総生産ともいう。
- □❷国富に代表される，道路や上下水道などの社会資本のように今までに蓄積された資産。
- □❸ＧＮＰを所得面からとらえたもの。国民総所得ともいい，ＧＤＰに海外からの純所得を加えた数値になる。
- □❹国民所得を生産面・分配面・支出面からとらえるとき，金額的にはそれらが等しくなるとする原則。

経済ゼミ ＧＤＰって何？………………………………教科書p.109

- □❶原材料を仕入れた店が，生産の過程で新たに生みだした価値。これが原材料の値段に上乗せされ，商品の値段となる。
- □❷ＧＤＰには含まれない，土地や株式の値上がりによる売却益。

6 景気変動と物価の動き ……………………教科書p.110〜111

- □❶好況期に企業の業績がよくなり，設備投資や雇用が増えることで，物価が持続的に上昇する現象。インフレともいう。
- □❷国民生活に大きな影響を与える，財やサービスの価格の平均的水準。
- □❸景気の停滞である（　　）と❶が同時に起こる現象を，スタグフレーションという。（　　）に当てはまる語句を答えよ。
- □❹2001年に成立し，ゼロ金利政策などの金融緩和策や構造改革によってデフレからの脱却をめざし，一定の成果をあげた自民党の内閣。

7 財政の役割 ………………………………………教科書p.112〜113

- □❶郵便貯金や年金資金を原資として政府関係機関への投資や融資にあてられていた，第二の予算とよばれた政府の歳入。
- □❷財政の３つの役割（機能）のうち，累進課税制度で高所得者から多く税を徴収し，その税収を社会保障給付によって低所得者に移転する機能。
- □❸景気を安定させる政策効果をより高めるために，財政政策に金融政策や為替政策を組み合わせること。
- □❹国の一般会計予算の歳入のうち，少子高齢化が急速に進んできたことを要因として大きな割合を占めるようになった費目。

思考実験 （	／2問)
❶	
❷	

5 （	／4問)
❶	
❷	
❸	
❹	

経済ゼミ （	／2問)
❶	
❷	

6 （	／4問)
❶	
❷	
❸	
❹	

7 （	／4問)
❶	
❷	
❸	
❹	

8　財政の課題 ···································· 教科書p.114〜115

- □❶租税のうち，納税者（税金を納める人）と担税者（税を負担する人）が異なるもの。
- □❷租税の原則の「公平」のうち，同じ負担能力ならば同じ負担とする原則。
- □❸租税の原則の「公平」のうち，負担能力の高いものは高負担とする原則。
- □❹❸の原則にもとづいた，所得が高くなるにつれて税率を高くする制度。
- □❺国債費が増大して本来の財政費用が不足し，財政上の目的が達成できなくなること。

8　（　　　／5問）

- ❶
- ❷
- ❸
- ❹
- ❺

特集　租税と財政健全化 ···················· 教科書p.116〜117

- □❶国税のうち，財・サービスの生産活動から生みだされる付加価値に課され，逆進性をもつ税。
- □❷個人の消費支出をはじめとした，家計による消費財への支払いのこと。

特集　（　　　／2問）

- ❶
- ❷

9　金融のしくみと働き ···················· 教科書p.118〜119

- □❶交換手段としての機能，モノの価値をはかる価値尺度機能，支払い手段となる機能と並ぶ，貨幣の機能。
- □❷第二次世界大戦以前の各国でとられていた，金を尺度として通貨価値を決める制度。
- □❸国が価値を与える法定通貨ではなく，国境をこえて自由に使えるもの。仮想通貨ともよぶ。
- □❹資金需要者が株式や社債などを発行して，資金供給者から直接資金を調達する金融のしくみ。
- □❺送金や自動支払いといった方法で，現金を使わずに資金の決済を行う銀行の機能。

9　（　　　／5問）

- ❶
- ❷
- ❸
- ❹
- ❺

10　中央銀行と金融の自由化 ················ 教科書p.120〜121

- □❶国または特定の地域の通貨制度の中心的役割をはたす組織。
- □❷政府の口座をもち，国庫金の出納や政府への貸し付けなどを行っている日本銀行の役割。
- □❸日本銀行が物価や景気の安定のために行う，公開市場操作（オペレーション）などの政策。
- □❹市中に流通する現金通貨と日銀当座預金の合計値で，中央銀行が直接供給する通貨量のこと。
- □❺2013年以降に実施された，量的緩和に加え，買い取る債券の種類を増やす政策。

10　（　　　／5問）

- ❶
- ❷
- ❸
- ❹
- ❺

年　　組　　番	点数	★ 思考・判断・表現
名前	／100点	／16点

1　次の文章を読んで，設問に答えよ。

　　a資本主義経済では，生産部門や職業が分割されて専門化する。これを（　1　）という。これにより，労働生産性が向上し，大量生産が可能になる。労働力を提供する経済主体がb家計である。家計は労働の見返りとして得た賃金をもとに，c財やサービスを貨幣をとおして購入するが，商品となり得る資源には必ず限りがある。これを資源の（　2　）という。人間にとって「時間」もこの（　2　）をもつ資源の一つであり，d限られた時間のなかでさまざまな選択をして人生を歩んでいる。

問1　文章中の（　1　）・（　2　）に入る適語を答えよ。

問2　下線部aについて，次の問いに答えよ。

(1)　18世紀の経済学者アダム=スミスのとなえた思想が，のちに影響をあたえたものを，次の①〜④のうちから1つ選べ。

　①　「大きな政府」への志向と福祉国家の実現

　②　「小さな政府」を志向する自由放任主義

　③　生産手段の国有化と集権的な経済計画

　④　経済の安定化のための政府の積極的な市場介入

(2)　失業の原因を有効需要の不足によるものとし，その解決として国家による有効需要の創出により完全雇用を達成すべきと述べた，20世紀の経済学者はだれか。

問3　下線部bについて，家計・企業・政府の3つの経済主体の間で，貨幣を仲立ちとして財やサービスが取り引きされる流れを何というか。

問4　下線部cについて，次の①〜④のうちから財にあてはまるものとサービスにあてはまるものを，それぞれ2つずつ選べ。

　①　医療　　②　住宅　　③　食料　　④　教育

問5　下線部dについて，何かを選択しているということは，それ以外の選択を捨てているということである。この相反する関係を何というか。

★問6　下線部dについて，高校卒業後，大学進学をした場合と就職をした場合を比べると，すぐに就職した場合は300万円の年収を4年間得ることになるとする。大学進学を選択したとき手放さなければならない機会費用はいくらになるか。

2　次の文章を読んで，設問に答えよ。

　　価格はa需要・供給のバランスによって上下し，bその変化によって原料や商品などが効率的に配分されていく。しかし，このような機能がうまく働かず，効率的な資源の（　　　）が達成されない場合もある。c寡占や独占はその例の一つである。d規模が大きい企業ほど，利益（利潤）が増大するe規模の経済性が働く現代の市場では，寡占市場が一般的となっている。

問1 文章中の（　　　）に入る適語を答えよ。

問2 下線部aについて，ある商品の市場において，価格がP_0，取引量がQ_0にあるときに需要と供給は釣り合っている。右のグラフを見て，次の問いに答えよ。

(1) P_0の価格を何とよぶか。

★(2) この商品の人気がなくなったため需要曲線がシフト（移動）したとする。これ以外には条件の変化はないとすると，新たな均衡状態に達したときの価格と取引量の変化を説明せよ。

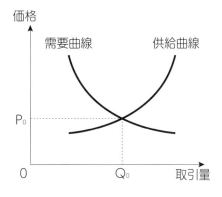

問3 下線部bについて，価格の自動調整機能によって供給された財やサービスが効率的に消費されていく働きを何というか。

問4 下線部cに関する記述として最も適当なものを，次の①〜④のうちから1つ選べ。

① 多くの国では，独占や寡占による不公正な取引を排除するための法律が制定され，日本では金融監督庁が監視にあたっている。

② 同じ業種の複数企業が，価格や生産量，販路などについて協定を結ぶ寡占の形態は，トラスト（企業合同）とよばれる。

③ 寡占市場において，1つの有力企業が設定した価格にほかの企業がならって形成される価格は，管理価格とよばれる。

④ 日本では，企業が持株会社の形態を通じて，ほかの企業の事業や人事に影響をおよぼすことは，独占禁止法によって禁止されている。

問5 下線部dについて，複数の国に子会社などをもち，国際的規模で活動する企業を何というか。

問6 下線部eのことを，カタカナで何とよぶか。

1	問1	1 6点				2 6点		
	問2	(1) 6点		(2) 6点		問3 6点		
	問4	財 6点(完答)			サービス 6点(完答)		問5 6点	
	★問6 6点			万円				
2	問1 6点							
	問2	(1) 6点		★(2) 10点				
	問3 6点			問4 6点		問5 6点		
	問6 6点							

年　　組　　番	点数	★ 思考・判断・表現
名前	／100点	／16点

1　次の文章を読んで，設問に答えよ。

　　a株式会社の所有者はb株主であり，経営者は株主の利益のために会社を経営することになる。しかし，規模の大きい株式会社では，c株主は資本を出資するものの経営に直接関与することはなく，実際の経営は（　1　）で選任された専門の経営者の手に委ねられることが多い。d証券取引所に上場した会社に対しては，会社の利益や資金の状態を示す財務諸表を，株主に対して公開することが義務付けられている。財務諸表の代表的なものには，ストックをあらわす（　2　）とフローをあらわす損益計算書があり，その内容はe株価に大きな影響をあたえる。

問1　文章中の（　1　）・（　2　）に入る適語を答えよ。

問2　下線部aの企業形態を，次の①〜④のうちから1つ選べ。

　　①　法人企業のなかの組合企業　　②　私企業のなかの個人企業

　　③　法人企業のなかの会社企業　　④　公企業のなかの独立行政法人

問3　下線部bについて，もし会社の事業が失敗しても，出資者である株主は出資額の範囲でしか責任を負わない。この原則を何というか。

問4　下線部cの状態を何というか。

★問5　下線部dについて，右の表は株式上場する利点等についてまとめたものである。（　）にあてはまるメリットを，「調達」の語を用いて説明せよ。

株式上場しないメリット	株式上場するメリット
・株式が大量に買収されて，会社が乗っ取られる危険がない。 ・親会社などが大量に株式を保有することで，経営に強い影響力を発揮できる。	・（　　　　　） ・社会的な信用性が高まる。 ・株主による監視で，経営の質が高まる。

問6　下線部eについて，株価の動きを決定づけるものを，次の①〜④のうちから1つ選べ。

　　①　効率と公正の関係　　②　トレードオフと機会費用の関係

　　③　外部経済と外部負（不）経済の関係　　④　需要と供給の関係

2　次の文章を読んで，設問に答えよ。

　　企業は，a利益（利潤）を目的に生産活動を行い，得た利益でb設備投資を増大させ，生産を拡大する。c経済の持続的拡大のためには，d設備投資の拡大とともに消費需要も伸びていくことが必要となる。e民間企業が利益を追求していくのは当然のことであるが，それと同時に，現代の企業は人権擁護や消費者保護への配慮などの（　1　）とよばれる様々な役割が求められるようになった。社会の一員としてf企業倫理を確立し法令や規範を守るという（　2　）（法令遵守）の実現のため努力すること，リサイクル等の環境保全活動に努めることなどが求められている。また地域社会におけるボランティア活動に対する援助や，芸術・文化への支援活動すなわち

（　3　）なども，企業の役割に加えられている。

問1　文章中の（　1　）〜（　3　）に入る適語を答えよ。

問2　下線部aについて，株式会社においては出資者である株主に対して利益（利潤）の一部が分配される。これを何というか。

問3　下線部bについて，景気変動の諸形態のうち，設備投資を要因とする約10年周期の中期波動を何というか。次の①〜④のうちから1つ選べ。

　　①　コンドラチェフの波　　②　ジュグラーの波　　③　キチンの波　　④　クズネッツの波

問4　下線部cについて，次の問いに答えよ。

(1)　一定期間（通常は1年間）に，国内で生産された財やサービスの総額から，原材料費などの中間生産物の価額を差し引いた付加価値の合計をあらわす指標を何というか。次の①〜④のうちから1つ選べ。

　　①　GDP（国内総生産）

　　②　GNI（国民総所得）

　　③　NI（国民所得）

　　④　GNP（国民総生産）

★(2)　右の図のようなパンの生産過程において，生み出された付加価値の合計はいくらになるか。

問5　下線部dの現象とともに，物価が持続的に上昇していくことを何というか。

問6　下線部eについて，異業種のM＆A（合併・買収）により巨大化した複合企業のことを，カタカナで何とよぶか。

問7　下線部fのために経営内容を公開することを，次の①〜④のうちから1つ選べ。

　　①　ヘッジファンド　　②　フィランソロピー

　　③　アナウンスメント効果　　④　ディスクロージャー

1	問1	1 6点		2 6点		問2 6点	
	問3 6点			問4 6点			
	★問5 10点						
	問6 6点						
2	問1	1 6点		2 6点		3 6点	
	問2 6点			問3 6点			
	問4	(1) 3点		★(2) 6点	円	問5 6点	
	問6 6点			問7 3点			

年　　組　　番	点数	☆ 思考・判断・表現
名前	／100点	／16点

☆
思
考
・
判
断
・
表
現
／
無
印

知
識
・
技
能

1 次の文章を読んで，設問に答えよ。

　1990年代初めに（　1　）が崩壊すると，日本経済は長期の低迷状態におちいった。これに対し，a財政と金融の両面からくり返し景気振興策がとられたが，1992年から2001年までの間，日本経済の実質経済成長率は年平均で1％程度にとどまった。2000年代の前半にはbゼロ金利政策や，政策目標を従来の金利ではなく通貨量を増やすことにおく（　2　）政策が行われ，一定の成果をあげた。しかし2008年には世界的な金融危機にみまわれ，再び日本はcデフレとなった。これに対し，2012年に成立したd自民党の安倍内閣はインフレ目標を設定し，大胆な金融緩和策や，e大規模な財政出動を実施した。

問1　文章中の（　1　）・（　2　）に入る適語を答えよ。

問2　下線部aの政策の正しい組み合わせを，次の①〜④のうちから1つ選べ。

	財政面	金融面
①	減税を実施し公共事業費を増加させた。	金利を高めに誘導していった。
②	増税を実施し公共事業費を削減した。	護送船団方式とよばれる保護を行った。
③	減税を実施し公共事業費を増加させた。	金利を低めに誘導していった。
④	増税を実施し公共事業費を削減した。	金利を低めに誘導していった。

問3　下線部bに関連して，次の文中の下線部Xのような金融政策の手段を何というか。また，Yの通貨量のことを何というか。

　金利を誘導するため，日本銀行はX市中の金融機関との間で国債などの有価証券を売買してY市中に流通する現金通貨と日銀当座預金の合計値を調整する。

問4　下線部cに関連して，不況がデフレを生みデフレが不況を生むという負の連鎖を何というか。

問5　下線部dの政権下で，消費税の税率が2度引き上げられた。次の問いに答えよ。

(1) 増税は必ず国会の議決による法律にもとづいて実施される。この原則を何というか。

(2) 消費税について正しく述べたものを，次の①〜④のうちから1つ選べ。

① 消費増税の結果，間接税の比率が直接税を上回った。

② 消費税などの間接税には逆進性がある。

③ 消費税は累進課税制度を採用している。

④ 消費税は高齢者への税負担を軽くしている。

☆問6　下線部eのいっぽうで，国債残高も増え続けている。国債費の増大は財政の硬直化を招き，将来世代の負担を増大させることにもなる。財政の硬直化とはどのような状態となることか。「財政上の目的」の語を用いて説明せよ。

2 金融の循環を示した次の図を見て，設問に答えよ。

問1 図Ⅰ中には，Pの3大業務のうち預金業務と貸出業務が示されている。残る1つの業務は何か。

問2 図Ⅰ中のPは，その3大業務をとおして3つの機能をはたしている。預金の受け入れと貸し付けをくり返すことで，最初に預金された何倍もの預金通貨をつくりだす機能を，次の①～④のうちから1つ選べ。

① 信用創造機能　② 決済機能
③ 資金仲介機能　④ 所得再分配機能

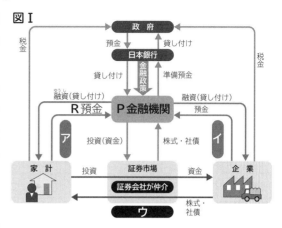

図Ⅰ

★問3 図Ⅱ中の下線部Qは，新規預金を預かった金融機関が，その一部を日本銀行に預けるものである。図Ⅱの場合，預金準備率は何％か。

問4 図Ⅰ中のア～ウのうち，直接金融・間接金融の働きにあてはまるものを，それぞれすべて選べ。

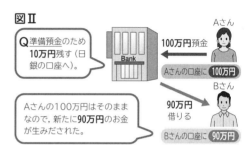

図Ⅱ

Q 準備預金のため10万円残す（日銀の口座へ）。

Aさん　100万円預金
Aさんの口座に 100万円

Bさん　90万円借りる
Bさんの口座に 90万円

Aさんの100万円はそのままなので，新たに90万円のお金が生みだされた。

問5 次の文中のa・bから正しいものを1つずつ選べ。

1990年代に経済のグローバル化が進むなか，日本も日本版金融a【①　ビッグデータ　②　ビッグバン】とよばれる金融の自由化構想を打ちだした。この結果，しだいにb【①　直接金融　②　間接金融】の割合が増えていった。

問6 図Ⅰ中のRに関連して，貨幣には預金などによる価値貯蔵機能のほか，支払い手段となる機能，（　　　）がある。（　　　）に入る語を，次の①～④のうちから1つ選べ。
① 資源配分機能　② 自動調整機能　③ 供給機能　④ 価値尺度機能

1	問1	1 6点		2 6点		問2 6点	
	問3	X 6点		Y 6点		問4 6点	
	問5	(1) 6点		(2) 6点			
	★問6 10点						
2	問1 6点			問2 6点		★問3 6点	％
	問4	直接金融 6点(完答)			間接金融 6点(完答)		
	問5 6点(完答)	a		b		問6 6点	

1　戦後復興から高度経済成長へ

教科書p.122～123

ポイント整理　教科書をみて当てはまることばを書いてみよう…………

／13問

A　経済の民主化

(1)　敗戦後の日本では，連合国軍総司令部（GHQ）の指導のもと，財閥解体，農地改革，労働の民主化を柱とする①＿ ＿ ＿ ＿ ＿ ＿が進められた。

(2)　 ① のうち②＿ ＿ ＿ ＿は，地主制度を解体し，農民の経済的地位を高めるために行われた。

B　経済の復興

(1)　政府は限られた資源を基幹産業に重点的に配分して経済の復興をめざす③＿ ＿ ＿ ＿ ＿ ＿を採用した。

(2)　 ③ による経済復興で不足する資金を④＿ ＿ ＿ ＿ ＿ ＿による債券発行で調達したため，復金インフレを招いた。

(3)　復金インフレに対して，GHQは緊縮財政を柱とする⑤＿ ＿ ＿ ＿ ＿ ＿を示した。さらに翌年⑥＿ ＿ ＿ ＿ ＿ ＿ ＿ ＿とよばれる政策が実施され，超均衡予算による財政の健全化がはかられた。

(4)　⑦＿ ＿ ＿ ＿ ＿ ＿によってインフレは収束したが，一方で緊縮財政による不況（安定恐慌）となった。

(5)　朝鮮戦争が勃発すると米軍からの⑧＿ ＿ ＿ ＿が発生し，日本経済は立ち直りのきっかけをつかんだ。

C　高度経済成長

(1)　池田内閣は，1960年に「国民の所得を10年間で２倍にする」ことを目標とする⑨＿ ＿ ＿ ＿ ＿ ＿ ＿ ＿ ＿を示した。

(2)　1955年ごろから，神武景気，⑩＿ ＿ ＿ ＿，オリンピック景気，いざなぎ景気の４回の好景気を経験し，その間の年平均の実質経済成長率が10％近くとなる⑪＿ ＿ ＿ ＿ ＿ ＿を実現した。

高度経済成長期の社会

次の空欄に当てはまることばを語群から選びなさい。

・1960年代前半に「三種の神器」とよばれる白黒テレビ，（　⑫　），電気冷蔵庫，1960年代後半には３C（自動車，カラーテレビ，クーラー）が急速に普及した。

・高度経済成長期には，（　⑬　）が深刻化し，新潟水俣病，四日市ぜんそく，イタイイタイ病，水俣病に対する訴訟があいついで提起された。

語群	公害　　パソコン　　飢饉
	電気洗濯機　　電話機　　自然災害

①
②
③
④
⑤
⑥
⑦
⑧
⑨
⑩
⑪
⑫
⑬

2 安定成長からバブル経済へ

ポイント整理 教科書をみて当てはまることばを書いてみよう…………

／13問

A 石油危機と安定成長

(1) 1970年代に入り，円の切り上げと変動相場制への移行によって，それまでの輸出に有利な①＿＿の為替相場が維持できなくなった。

(2) 第4次中東戦争を契機に起きた第1次②＿＿＿＿によって，安価な原油に依存して経済を成長させてきた先進国の経済は失速した。

(3) 第1次 ② により，先進諸国は，物価の高騰と景気の停滞が同時に起こる③＿＿＿＿＿＿＿＿＿＿となった。

(4) 1980年代前半までは，年平均の実質経済成長率が4〜5％程度となる④＿＿＿＿を続けた。このころ，第3次産業の比重が高まり，産業構造の⑤＿＿＿が進んだ。

B 貿易摩擦とプラザ合意

(1) 1980年代には，日本は自動車や家電や半導体などの製品をアメリカ向けに集中的に輸出するようになり，アメリカとの間で⑥＿＿＿＿の問題が深刻化した。

(2) アメリカの貿易赤字が深刻化すると，1985年に⑦＿＿がニューヨークで開かれ，ドル高を是正する合意である⑧＿＿＿＿＿により各国が協調介入を行った。

(3) ⑧ の結果，輸出が伸び悩んだ日本企業が海外に生産拠点を移すようになり，産業の⑨＿＿＿が進んだ。

C バブル経済

(1) 1987年のG7で，過度のドル安は好ましくないとして，ドル安に歯止めをかける対ドル相場安定化で協調する合意である⑩＿＿＿＿＿がなされ，各国は金利上昇の方向に向かった。

(2) ⑩ の後，日本では「金あまり現象」が広がり，実体以上に経済が泡のようにふくらむ⑪＿＿＿経済（景気）となった。

①
②
③
④
⑤
⑥
⑦
⑧
⑨
⑩
⑪
⑫
⑬

産業構造の高度化

次の空欄に当てはまることばを語群から選びなさい。

・経済発展にともない労働力が第1次産業→第2次産業→第3次産業と移っていくことは，（ ⑫ ）の法則とよばれる。

・産業のなかでサービス業の比重が高まることを，経済の（ ⑬ ）という。

語群

サービス化 ケインズ ソフト化
ペティ=クラーク ニクソン 高度化

3　バブル後の日本経済

ポイント整理　教科書をみて当てはまることばを書いてみよう…………

/13問

A　バブル崩壊と平成不況

(1)　1990年代に入ると，日銀の金融引きしめにより地価・株価が大きく下落してバブル経済が崩壊し，①＿ ＿ ＿ ＿となった。

(2)　金融機関はバブル期に融資した資金を回収できなくなり，多額の②＿ ＿ ＿ ＿をかかえた。

(3)　金融機関が，融資資金の期限前返済を企業に迫る③＿ ＿ ＿ ＿ ＿を行った影響などで，中小零細企業を中心に倒産があいついだ。

(4)　多くの企業で経営の再構築（リストラクチャリング），すなわち④＿ ＿ ＿ ＿という名目の人員整理が進められた。

(5)　デフレと不況が長期化した1990年代の10年間は，「⑤＿ ＿ ＿ ＿ ＿ ＿ ＿」とよばれる。

B　デフレと不況の長期化

(1)　小泉内閣は，デフレからの脱却をはかるため「官から民へ」「中央から地方へ」をスローガンとする⑥＿ ＿ ＿ ＿を推し進めた。

(2)　2006年には政府がデフレ脱却を宣言したが，他方で国民の所得格差が目立つようになり⑦＿ ＿ ＿ ＿とよばれるようになった。

(3)　2008年にはアメリカのサブプライムローン問題に起因する⑧＿ ＿ ＿ ＿ ＿ ＿ ＿ ＿ ＿が起こり，世界金融危機へと発展した。

(4)　2011年に起きた⑨＿ ＿ ＿大震災も，日本の社会や経済に非常に大きな影響を与えた。

C　日本経済の現状と課題

(1)　2012年に成立した安倍内閣は，年2％の⑩＿ ＿ ＿ ＿目標を達成することを目的とした。

(2)　日本は少子高齢化が急速に進み，2011年以降，⑪＿ ＿ ＿ ＿社会に突入したとみられる。

①
②
③
④
⑤
⑥
⑦
⑧
⑨
⑩
⑪
⑫
⑬

デフレ脱却策

次の空欄に当てはまることばを語群から選びなさい。

・小泉内閣（2001年成立）…自由化・（　⑫　）緩和・民営化。

・安倍内閣（2012年成立）…異次元の金融緩和，機動的な（　⑬　）出動，民間投資を喚起する成長戦略。

語群　金利　　財政　　災害　　規制　　投資　　金融

4 日本の中小企業

ポイント整理 教科書をみて当てはまることばを書いてみよう……………

／12問

A 日本経済を支える中小企業

(1) 日本の企業のうち約99％が①＿＿企業であり，従業員数では総労働者の約7割を占めている。

(2) 大企業と中小企業の間で，資本金・労働生産性・賃金などの労働条件をめぐって大きな経済格差があることを②＿＿＿＿という。

B 中小企業の現状

(1) 多くの中小企業は，大企業の下請けや③＿＿企業として部品の製造などを行い，「景気の④＿＿＿」ともいわれていた。

(2) 高度経済成長期には，⑤＿＿＿＿＿＿＿の制定などもあり，大企業と中小企業の格差はやや縮小した。

(3) 製造業においては，特に1990年代以降，中小企業は国内の需要の縮小や労働力の不足とともに，⑥＿＿＿削減が迫られる厳しい経営環境におかれている。

C 中小企業の未来

(1) 高い専門性や特殊技術をいかし，大企業では製造できない商品を開発する「すきま産業」ともよばれる⑦＿＿＿産業の大半は，中小企業である。

(2) 最近では，情報通信技術の発展をいかして，新たな事業分野で起業する⑧＿＿＿＿＿企業も登場してきている。

(3) 古くから地域に定着し，特産品を製造している⑨＿＿＿＿の発展がより重要になっている。

(4) 後継者不足のなかで，収益性があるにもかかわらず廃業せざるを得ない中小企業のために，さまざまな⑩＿＿＿＿の施策が必要になっている。

日本経済に占める中小企業の地位

次の空欄に当てはまることばを語群から選びなさい。

・ＧＤＰの支出面からみた国内総支出のなかで最も割合が高いのは，

（ ⑪ ）の消費支出→その個人の約70％の人たちは，中小企業の従業員→「中小企業の（ ⑫ ）」が日本経済の（⑫）につながる。

語群 | 個人　企業　政府　活性化　ソフト化　高度化 |

①
②
③
④
⑤
⑥
⑦
⑧
⑨
⑩
⑪
⑫

5　日本の農業問題

ポイント整理　教科書をみて当てはまることばを書いてみよう…………

／12問

A　日本の農業の現状

(1)　日本の農業は，就業者の①＿ ＿ ＿と後継者不足が，深刻になってきている。

B　日本の農業政策のあゆみ

(1)　政府は，1961年に農業と工業の所得格差を是正し，農業所得を向上させるために②＿ ＿ ＿ ＿ ＿を制定した。

(2)　政府は，生産者米価を消費者米価より高く設定する③＿ ＿ ＿ ＿ ＿ ＿によって農家を保護する政策を続けてきたが，米の過剰生産を招き，1970年から④＿ ＿ ＿ ＿がはじまった。

(3)　1990年代になると，政府は ③ を廃止し，⑤＿ ＿ ＿ ＿の施行によって市場原理を大幅に取り入れた。

C　日本の農業の未来

(1)　農業基本法にかわる新農業基本法では，食料の安全性の確保と，⑥＿ ＿ ＿ ＿ ＿ ＿の観点から⑦＿ ＿ ＿ ＿ ＿を引き上げようという政策が提案された。

(2)　農業への⑧＿ ＿ ＿ ＿の参入を促すとともに，政府の価格規制にかわり市場メカニズムの動きに委ねる政策へ転換された。

(3)　⑨＿ ＿ ＿ ＿による輸入農産物との競争は避けられない状況のなかで，「日本ブランド」の農産物を海外へ輸出展開する農家も増えている。

(4)　生産者が加工や販売なども行う⑩＿ ＿ ＿ ＿としての農業が注目されている。

①
②
③
④
⑤
⑥
⑦
⑧
⑨
⑩
⑪
⑫

国の農業政策のあゆみ

次の空欄に当てはまることばを語群から選びなさい。

1942	食糧管理法制定
1946	農地改革実施
1961	農業基本法制定
1970	減反政策実施
1991	牛肉・オレンジ輸入自由化
1993	（　⑪　）合意
1995	食糧管理法廃止→新食糧法施行
1999	（　⑫　）
2009	農地法改正
2018	減反政策廃止

語群

プラザ　　ルーブル
ウルグアイ・ラウンド
新食糧法　　農地法
食料・農業・農村基本法

6 公害の防止と環境保全

教科書p.132〜133

ポイント整理 教科書をみて当てはまることばを書いてみよう…………

/13問

A 公害問題の発生

(1) 高度経済成長期に重化学工業化が進むと，工場などから排出された有害物質が，広い地域にわたり住民の生命や健康を損ねる①＿＿＿＿が発生した。

(2) ①の代表が，新潟水俣病，四日市ぜんそく，イタイイタイ病，水俣病の②＿＿＿＿である。

B 公害対策のあゆみ

(1) 公害は市場の失敗によって生じる③＿＿＿＿＿であり，市場をとおさずに社会全体に不利益をもたらす。

(2) 国は1967年に④＿＿＿＿＿＿を制定し，環境基準を定めることで公害防止に乗りだした。

(3) 1971年には，環境行政をになう⑤＿＿＿が発足した。

(4) 大気汚染防止法と水質汚濁防止法が1972年に改正され，公害を生じさせた業者に故意・過失がなくても賠償責任を負わせる，⑥＿＿＿＿＿＿＿＿が取り入れられた。

(5) 被害者救済について，⑦＿＿＿＿＿＿＿＿（PPP）にもとづき，金銭的な補償を定めた公害健康被害補償法が制定された。

C 環境保全の取り組み

(1) 都市化によって生じる⑧＿＿＿＿＿公害の深刻化を背景に，きれいな水や空気など良好で快適な環境を享受する⑨＿＿＿が提唱されるようになった。

(2) 生活ゴミや産業廃棄物の焼却施設から排出される⑩＿＿＿＿＿によって生じた健康被害は，社会問題となった。

(3) 1993年に⑪＿＿＿＿＿が制定され，国，地方公共団体，企業，国民に環境保全に努める義務と責任があることが明確化された。

① _____
② _____
③ _____
④ _____
⑤ _____
⑥ _____
⑦ _____
⑧ _____
⑨ _____
⑩ _____
⑪ _____
⑫ _____
⑬ _____

公害対策のあゆみ

次の空欄に当てはまることばを語群から選びなさい。

1967	（④）制定（1993年廃止）
1968	大気汚染防止法制定（1972年改正）
1970	水質汚濁防止法制定（1972年改正）
1971	環境庁設置（2001年環境省に改組）
1973	（⑫）制定
1993	（⑪）制定
1997	（⑬）（環境アセスメント法）制定

語群

石綿健康被害救済法
環境影響評価法
公害健康被害補償法
ダイオキシン類対策特別措置法
公害防止事業費事業者負担法
公害対策基本法

7 エネルギーと循環型社会

ポイント整理 教科書をみて当てはまることばを書いてみよう…………

　　　　　　　　　　　　　　　　　　　／15問

A　エネルギー利用の変化

(1)　私たちは，石炭や石油などの①＿＿＿＿＿＿＿＿を，動力や熱源として利用することで，高度な産業社会を発展させてきた。

(2)　日本では，エネルギー源が石炭から石油や天然ガスへ転換する②＿＿＿＿＿＿＿＿が，高度経済成長の時期に起こった。

(3)　二度の石油危機をきっかけに，国は③＿＿＿＿＿＿の推進，新エネルギーの研究開発へと向かった。

(4)　近年，2050年までに温室効果ガスの排出(はいしゅつ)を実質ゼロにする④＿＿＿＿＿の実現に向け，風力や太陽光，地熱などの⑤＿＿＿＿＿＿＿＿を利用する，技術の開発や実用化が進められている。

B　原子力発電とその課題

(1)　東日本大震災にともなう東京電力⑥＿＿＿＿原子力発電所の事故は，広い範囲(はんい)に放射性物質を拡散させた。

(2)　老朽(ろうきゅう)化した施設の廃炉(はいろ)処理の問題，⑦＿＿＿＿＿＿の処理問題など，原子力発電には多くの課題が存在する。

C　循環型社会に向けて

(1)　持続可能な社会を構築(こうちく)するため，資源・エネルギーを有効利用できる⑧＿＿＿＿＿の形成が重要な課題となった。

(2)　循環型社会形成推進基本法では，３R（⑨＿＿＿＿＿＝廃棄物の発生抑制(よくせい)，⑩＿＿＿＿＝再使用，⑪＿＿＿＿＿＝再資源化）が提唱された。

(3)　企業は，廃棄物をゼロにする⑫＿＿＿＿＿＿＿＿＿＿に取り組んでいる。

エネルギーの種類／エネルギー政策

次の空欄に当てはまることばを語群から選びなさい。

・石炭や石油などの化石燃料，水力など自然界に存在するエネルギーを（　⑬　），それらを利用して得られる電力やガス，ガソリンなどを（　⑭　）という。

・風力や太陽光，地熱のほかに太陽熱，バイオマス，雪氷熱，温度差熱などの新エネルギーの開発と導入も目的として，1997年に（　⑮　）が制定された。

語群

１次エネルギー　　２次エネルギー　　新エネルギー
環境基本法　　新エネルギー法
循環型社会形成推進基本法

①
②
③
④
⑤
⑥
⑦
⑧
⑨
⑩
⑪
⑫
⑬
⑭
⑮

1 戦後復興から高度経済成長へ ………… 教科書p.122〜123

□❶第二次世界大戦後のGHQによる経済の民主化において、財閥解体、農地改革とともに柱となったもの。

□❷限られた資源を石炭・鉄鋼・電力・化学肥料などの基幹産業に重点的に配分して、経済の復興をめざす方式。

□❸経済の復興に不足する資金を、債券発行で調達したため、激しいインフレを招いた金融機関。

□❹直接税中心の制度改革の徹底を提唱し、インフレを収束させたアメリカによる勧告。

□❺1960年に池田内閣が示した、「国民の所得を10年間で2倍にする」ことを目標とする計画。

□❻高度経済成長の時期に日本が経験した4回の好景気のうち、1965〜70年の好景気。

1	（ ／6問）
❶
❷
❸
❹
❺
❻

2 安定成長からバブル経済へ ………… 教科書p.124〜125

□❶第1次石油危機によって先進諸国で起こった、物価の高騰と景気の停滞が同時に発生する現象。

□❷1979年のイラン革命を契機として起こった、世界各国が同時不況となったできごと。

□❸ハードウェアの生産よりも知識や情報などのソフトウェアの生産が中心となること。

□❹1980年代に、自動車や家電や半導体などの製品をアメリカ向けに集中的に輸出した結果、アメリカとの間で生じた問題。

□❺1985年のG5によるプラザ合意で、各国が協調介入を行った結果、急速に進んだ為替の動き。

□❻❺の影響で、輸出が伸び悩んだ日本企業が海外に生産拠点を移すようになった結果、国内産業に空洞が生じた現象。

□❼長期にわたる金融緩和によって生じた余剰資金が、土地や株式への投機にあてられた結果として生じた、実体経済を上回る好景気。バブル景気ともよばれる。

2	（ ／7問）
❶
❷
❸
❹
❺
❻
❼

3 バブル後の日本経済 ………… 教科書p.126〜127

□❶バブル経済の崩壊後、銀行などの金融機関が企業への融資に慎重になったこと。

□❷多くの企業で大規模な人員整理を進める名目とされた、経営の再構築。略してリストラとよぶ。

□❸デフレからの脱却をはかるため、小泉内閣が「官から民へ」「中央から地方へ」をスローガンに推し進めた改革。

3	（ ／5問）
❶
❷
❸

□❹2008年のリーマン・ショックの原因となった，アメリカの低所得層向けの住宅ローンが不良債権化した問題。

□❺2012年にはじまった景気拡大では，労働分野の規制緩和が進んだこともあり，社会の（　　）はますます拡大したといわれる。（　　）に当てはまる語句を答えよ。

4　日本の中小企業 ································教科書p.128〜129

□❶大企業と中小企業のうち，資本金・労働生産性の規模がより小さい企業。

□❷多くの中小企業は，大企業の（　　）や系列企業として部品の製造などを行っている。（　　）に当てはまる語句を答えよ。

□❸高い専門性や特殊技術をいかして，大企業では製造できない商品を開発する産業。「すきま産業」ともよばれる。

□❹新たに事業を起こすこと。これにより，ベンチャー企業が登場してきている。

□❺古くから地域に定着して特産品を製造し，地域の産業と雇用をになう役割をもっている産業。

5　日本の農業問題 ································教科書p.130〜131

□❶日本の農業は，就業者の高齢化と（　　）不足が，深刻になってきている。（　　）に当てはまる語句を答えよ。

□❷農業と工業の所得格差を是正し，農業所得を向上させるために1961年に制定された法律。

□❸農家を保護するため，生産者米価を消費者米価より高く設定した制度。

□❹米の生産過剰によって米価が下がることを防ぐため，国が稲作の作付制限を行った政策。2018年に廃止された。

□❺❸を廃止して1995年に施行された，市場原理を大幅に取り入れた法律。

□❻新農業基本法では，食料の（　　）の確保と，食料安全保障の観点から食料自給率を引き上げようという政策がとられた。（　　）に当てはまる語句を答えよ。

□❼新農業基本法で，農業・農村のはたす役割としてあげられた，水資源の保全による洪水防止や自然景観の形成など多面的機能がある中山間地のこと。

□❽近年注目されている，農業生産だけでなく，加工や販売なども行う農業のあり方。

❹	
❺	

4　（　　　　／5問）

❶	
❷	
❸	
❹	
❺	

5　（　　　　／8問）

❶	
❷	
❸	
❹	
❺	
❻	
❼	
❽	

6 公害の防止と環境保全 ·············· 教科書p.132～133

教科書p.132～133

□❶明治時代に，栃木県の足尾銅山から鉱毒が流出し，渡良瀬川流域の住民に被害を与えた事件。

□❷新潟県阿賀野川流域で工場廃液中の有機水銀を原因として発生し，しびれ，感覚障がいなどの症状をもたらした公害病。

□❸三重県四日市市でコンビナート工場排出の亜硫酸ガスを原因として発生し，気管支炎，ぜんそくなどの症状をもたらした公害病。

□❹富山県神通川流域で鉱山から放流されたカドミウムを原因として発生し，骨格変形や腎不全などの症状をもたらした公害病。

□❺熊本県水俣市で工場廃液中の有機水銀を原因として発生し，しびれ，感覚障がいなどの症状をもたらした公害病。

□❻四大公害訴訟をきっかけに，公害防止に乗りだした政府が1967年に制定し，環境基準を定めた法律。

□❼合成洗剤などを含む生活排水による河川の汚濁，自動車の排出ガスや騒音など，都市化によって生じた公害。

6 （　　　　／7問）

❶
❷
❸
❹
❺
❻
❼

7 エネルギーと循環型社会 ·············· 教科書p.134～135

教科書p.134～135

□❶20世紀にエネルギー革命が起こる前までの，エネルギー資源の中心だった化石燃料。

□❷二度の石油危機をきっかけに国が研究開発へ向かった，化石燃料以外の新しいエネルギー資源。

□❸化石燃料の使用を控え，温室効果ガスの排出を実質ゼロにする社会。

□❹事故による広範囲の放射性物質の拡散，老朽化した施設の廃炉処理，放射性廃棄物の処理など，多くの課題が存在する発電方式。

□❺廃棄物処理法，家電リサイクル法などにより実現がめざされている，資源・エネルギーを有効利用できる社会。

□❻循環型社会形成推進基本法で提唱された３Rのうち，廃棄物の発生抑制にあたるもの。

□❼企業が生産過程で生じる廃棄物をゼロにし，資源の有効活用をはかる取り組み。

7 （　　　　／7問）

❶
❷
❸
❹
❺
❻
❼

特集 ゼロ成長社会に生きる ·············· 教科書p.136～137

教科書p.136～137

□❶日本銀行が決定する，一般の銀行に貸し付ける際の金利のこと。

□❷経済活動が行われていながら，ゼロ経済成長，ゼロインフレが実現している状態のこと。

特集 （　　　　／2問）

❶
❷

特集 地域通貨とは ·············· 教科書p.138～139

教科書p.138～139

□❶特定の地域や仲間が発行し，自分たちが決めた流通範囲で使えるお金。

特集 （　　　　／1問）

❶

年 組 番	点数	★ 思考・判断・表現
名前	／100点	／16点

1 次の文章を読んで，設問に答えよ。

第二次世界大戦の敗戦後，政府はa基幹産業へ資金を供給することで経済を復興させようとした。しかし，その資金は（ 1 ）が発行した債券を日本銀行に引き受けさせることで調達したため，通貨量を増大させ，インフレが加速した。そこでGHQは徴税の強化などを柱とするb経済安定化9原則を示し，その実施のためcドッジ・ラインを指示し，税制改革について（ 2 ）を出してそれを財政面から支えた。こうした安定化政策は一転してdデフレによる不況を招いた。

問1 文章中の（ 1 ）・（ 2 ）に入る適語を答えよ。

問2 下線部aの方式を何というか。

問3 下線部bの内容として当てはまらないものを，次の①〜④のうちから1つ選べ。

① 緊縮財政 ② 均衡予算 ③ 物価の統制 ④ 労働の民主化

問4 下線部cによって設定された為替レートを，次の①〜④のうちから1つ選べ。

① 1ドル＝120円 ② 1ドル＝280円 ③ 1ドル＝360円 ④ 変動相場制

問5 下線部dについて，この後，日本経済が立ち直りのきっかけをつかむこととなった好景気を，次の①〜④のうちから1つ選べ。

① オリンピック景気 ② 特需景気 ③ 岩戸景気 ④ 神武景気

2 次の文章を読んで，設問に答えよ。

a1955年ごろから1970年代初めまでは（ 1 ）とよばれ，実質経済成長率は年平均10％近くとなった。また年平均の失業率はほぼ1％台で推移した。しかし，人々の所得が急増し，b消費生活が豊かになった反面，企業活動による公害問題も発生した。1973年に第1次石油危機が起こり，物価が高騰し，経済成長率が低下するなど日本経済は大きな変化に見舞われた。cこのころから消費構造の変化や技術開発などを背景に，産業構造の変化が進展していった。1980年代半ばから1990年代には，日本経済は（ 2 ）とその崩壊を経験し，以後「d失われた10年」とよばれるように低迷した。

問1 文章中の（ 1 ）・（ 2 ）に入る適語を答えよ。

問2 下線部aについて，名目GNPが当時の西ドイツを抜き，資本主義国第2位となった年を，次の①〜④のうちから1つ選べ。

① 1953年 ② 1960年 ③ 1968年 ④ 1972年

問3 下線部bについて，A1960年代前半に急速に普及した三種の神器，B1960年代後半に急速に普及した3Cの正しい組み合わせを，次の①〜④のうちから1つずつ選べ。

① 白黒テレビ，電気洗濯機，電気冷蔵庫 ② カラーテレビ，クーラー，パソコン

③ 自動車，カラーテレビ，クーラー ④ ラジオ，電気洗濯機，電気冷蔵庫

問4 下線部 c の時期の産業構造の変化として最も適当なものを，次の①～④のうちから 1 つ選べ。

① 第 1 次産業就業者の割合が，第 2 次産業就業者の割合を下回るようになった。

② 第 2 次産業の生産拠点が外国に移転するという，産業の空洞化が生じた。

③ 都市部での労働力不足が起こり，農村部から都市部への人口移動が進んだ。

④ 経済のソフト化にともなって，第 3 次産業就業者の割合が増加した。

問5 右の図は, (2) の発生の原因について示したものである。右の図を見て，次の問いに答えよ。

(1) C に当てはまる合意名，D に当てはまる為替相場を次の①～④のうちから 1 つずつ選べ。

　① ルーブル　② プラザ　③ 円高　④ 円安

★(2) 1980 年代後半，日本は図中の低金利政策を続けたため「金あまり現象」が広がり，図中の E をもたらした。その後の地価・株価の高騰につながった E に当てはまる動きを答えよ。

C 合意	→	D 不況
G5 による　D 誘導		
お金が借りやすくなった！		低金利政策
		E
		地価・株価の高騰
		資産価値上昇→消費も増加
		バブル経済の発生

問6 下線部 d について，次の問いに答えよ。

★(1) 1990 年代のおよそ 10 年間の財政の動きとして当てはまらないものを，次の①～④のうちから 1 つ選べ。

① 多くの企業でリストラという名目の人員整理が行われた。

② 物価が下落傾向となり，政府はデフレ宣言を行った。

③ 金融機関が企業に対して，融資資金の期限前返済を迫った。

④ 政府は公共投資を控えたが，かえって財政赤字がふくらんだ。

(2) 2000 年代には，国民の所得格差が目立つようになった。これを何社会とよぶか。

1	問1	1 6点		2 6点		問2 6点	
	問3 6点		問4 6点		問5 6点		

2	問1	1 6点		2 6点		問2 6点	
	問3	A 6点		B 6点		問4 6点	
	問5	(1) 6点(完答)	C		D		
		★(2) 10点					
	問6	★(1) 6点		(2) 6点			

年　　組　　番	点数	★ 思考・判断・表現
名前	／100点	／16点

1　次の文章を読んで，設問に答えよ。

　第二次世界大戦後，食生活をはじめとする生活全般の西洋化が進行したことなどもあり，日本の農業には大きな変化が生じた。a 1960年代以降，米の国内消費は減少した。また，b 多くの農産物を輸入するようになったことから，（　1　）は低下した。さらに農山村では高齢化や過疎化が急速に進行し，c 政府の様々な施策にもかかわらず，農業生産の低下は止まらなかった。1999年制定の（　2　）では，d 農業への株式会社の参入を促すなど3つの立て直し策が提案されている。

問1　文章中の（　1　）・（　2　）に入る適語を答えよ。

問2　下線部aに実施された農業政策を，次の①〜④のうちから1つ選べ。

　　①　農業基本法の制定　　　②　食糧管理法の制定

　　③　農地改革　　④　新食糧法の制定

★問3　下線部bについて，外国からの輸入農産物には，右の図のような形で高い関税がかけられている場合がある。輸入農産物に高い関税をかける理由を，右の図をもとに考えて説明せよ。

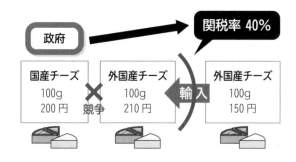

問4　下線部cについて，減反政策が行われていた時期を，次の①〜④のうちから1つ選べ。

　　①　1950年代〜1990年代　　　②　1960年代〜2000年代

　　③　1970年代〜2010年代　　　④　1990年代〜2010年代

問5　下線部dについて，近年は情報通信技術を活用する「スマート農業」を推進するなど，（　　）企業による農業参入も見られる。（　　）に当てはまる語句をカタカナ5字で答えよ。

2　次の文章を読んで，設問に答えよ。

　日本の農山漁村では，少子高齢化の進行などにともない，人と自然との関わりが変わりつつある。森林や農地の管理をする人手が減ることで，（　1　）（中山間地）の自然環境が荒廃している地域もみられる。そのため，豊かな自然を見直し，再生する試みが全国的に始まっている。たとえば，a 廃棄物ゼロを目標にゴミの分別・b リサイクルをめざす方針である。このほか，農用水路を利用した小水力発電など，（　2　）エネルギーを地域の活性化に役立てる地域もある。近年は大規模開発による c 環境破壊を未然に防止する環境（　3　）法により，風力発電所の建設が制限されるなど，地域住民の意見を取り入れたうえでの事業計画も求められている。

問1　文章中の（　1　）に入る適語を漢字2字で,（　2　）に入る適語を漢字4字で,（　3　）に入る適語をカタカナ6字で答えよ。

★問2　環境政策や環境にかかわる取り組みに関して,右の図はある制度の考え方についてまとめたものである。（　X　）・（　Y　）にそれぞれ当てはまる語句を漢字2字で答えよ。

工場の公害対策に十分注意を払ってきた企業が公害をもたらしたとしても,許されるのではないか。	→	企業には社会的責任があるので,（　X　）がなくても（　Y　）は問われる。

問3　下線部aについて,生産過程で生じる廃棄物を限りなくゼロに近くし,資源の有効活用をはかることを何というか。

問4　下線部bについて,リサイクルを含む3Rを提唱した法律名を答えよ。また,リサイクルに当たる取り組みの内容を,次の①～③のうちから1つ選べ。

①　再資源化　　②　廃棄物の発生抑制（よくせい）　　③　再使用

問5　エネルギーに関する記述として最も適当なものを,次の①～④のうちから1つ選べ。

①　太陽光や風力,水力,波力,地熱,天然ガスなどが新エネルギーとされる。

②　原油や石炭,水力は1次エネルギーであって,電力は2次エネルギーである。

③　20世紀には,エネルギーの中心が天然ガスから石油へ移行するエネルギー革命が起こった。

④　温室効果ガスの排出（はいしゅつ）を実質ゼロにする社会を,市民社会とよぶ。

問6　下線部cについて,次の問いに答えよ。

(1)　公害によって健康被害を受けた者に対して,汚染者負担の原則にもとづく補償（ほしょう）を行うことを定めた（さだ）法律を何というか。次の①～④のうちから1つ選べ。

①　公害対策基本法　　②　環境基本法

③　公害防止事業費事業者負担法　　④　公害健康被害補償法

(2)　騒音被害などが問題となった大阪空港公害訴訟（そしょう）の最高裁判所判決では,憲法第13条幸福追求権（けんり）などを根拠に（　　）を焦点として争われた。（　　）に当てはまる権利（けんり）を答えよ。

1	問1	1 6点		2 6点		問2 6点	
	★問3 10点						
	問4 6点		問5 6点				

2	問1	1 6点		2 6点		3 6点	
	★問2 6点(完答)	X		Y			
	問3 6点			問4	法律 6点		番号 6点
	問5 6点		問6	(1) 6点		(2) 6点	

1 私たちの生活と契約

ポイント整理 教科書をみて当てはまることばを書いてみよう…………

／12問

A 人間関係を支える契約

(1) 約束のなかで，裁判所の命令によって守らせることができるものを①＿＿といい，当事者間の②＿＿＿＿の合致（合意）で成立する。

(2) ＿①＿の内容や結ぶ相手は，当事者の自由な意思で決めることができる。これを③＿＿＿＿の原則という。

(3) ＿①＿は当事者の間に④＿＿＿＿＿の関係を生じさせる法律行為である。

B 契約と法

(1) 国・地方公共団体と個人の関係を定める法を⑤＿＿，個人と個人，企業と個人など私人間の関係を定める法を⑥＿＿という。

(2) 民法では，近代社会の根本原則となる⑦＿＿＿＿＿の原則を定め，所有権をモノに対する権利（物権）のなかでも，完全な形の物権として規定している。

(3) 民法では，どちらかが契約を破る⑧＿＿＿＿＿が発生した場合についても，基本的な原則を定めている。例えば，商品が契約どおりの品質や数量でなかった場合には，買い主は売り主に対して，商品の修繕やかわりの商品との引きかえといった⑨＿＿＿＿ができる。

C 公正な契約のために

(1) 社会的あるいは経済的な弱者を保護するために，私法の分野にも国が関与して，労働基準法や消費者契約法といった⑩＿＿＿を制定している。

①
②
③
④
⑤
⑥
⑦
⑧
⑨
⑩
⑪
⑫

契約の成立について

次の空欄に当てはまることばを書きなさい。

お店の人が，商品を売ることを了承したとき（X）

（X）の段階で契約が成立し，双方に（ ⑪ ）・（ ⑫ ）が生じる。

代金の支払いをすませる（Y）

買う側からすると（Y）は⑫の履行，（Z）は⑪の回収だが，売る側からすれば（Y）が⑪の回収，（Z）が⑫の履行となる。

お店の人から商品を受け取る（Z）

2 消費者主権

ポイント整理 教科書をみて当てはまることばを書いてみよう…………

／13問

A 消費者問題の広がり

(1) 購入の判断材料となる商品に関する情報を，売り手である企業が消費者に的確に伝えているとは限らない。これを①＿＿＿＿＿＿＿という。

(2) 悪質な販売方法により不本意な購入を強いられるなど，消費者が不利益や被害を受けるさまざまな問題を，②＿＿＿＿＿という。

B 消費者主権と消費者保護

(1) 何をどれだけ購入するかを決めるのは消費者であるとする，③＿＿＿＿＿＿の考え方がとなえられるようになった。

(2) 消費者の相談窓口として，国に④＿＿＿＿＿＿＿＿，地方公共団体に消費生活センターが設置された。

(3) 2009年には，消費者行政の一元化をはかるために⑤＿＿＿＿が設置された。

(4) 製造物責任法（ＰＬ法）では，消費者が企業の故意や過失が立証できなくても損害賠償が求められる⑥＿＿＿＿＿＿＿が採用された。

(5) ⑦＿＿＿＿＿＿では，事業者が事実と異なる説明を行った場合，契約を取り消すことができるとしている。

(6) 割賦販売法や特定商取引法には，一定期間内であれば，無条件に契約を解除できる⑧＿＿＿＿＿＿＿＿の制度がある。

C 消費者市民社会に向けて

(1) 消費者保護基本法は，2004年に消費者の権利の尊重と自立支援を定めた⑨＿＿＿＿＿＿に改められた。

(2) 倫理的・社会的・経済的・環境的配慮にもとづいて選択を行う消費者を，⑩＿＿＿＿＿という。

(3) 情報化とグローバル化の進展により，⑪＿＿＿＿＿や電子決済など，新しい取り引きが拡大・多様化している。

新しい消費者

次の空欄に当てはまることばを語群から選びなさい。

・環境に配慮した消費者を（ ⑫ ）という。

・電子決済には，会社（信販会社）が代金を立てかえて決済する（ ⑬ ）などがある。

語群
暗号資産	グリーン・コンシューマー	仮想通貨
クレジットカード	キャッチセールス	法定代理人

①
②
③
④
⑤
⑥
⑦
⑧
⑨
⑩
⑪
⑫
⑬

3　労働者の権利

ポイント整理 教科書をみて当てはまることばを書いてみよう…………

/12問

A　労働問題の発生

(1)　労働者は生計を立てるために，企業（使用者）は自らの事業を進めるために，①＿ ＿ ＿ ＿を交わして雇用関係を結ぶ。

B　労働運動のあゆみ

(1)　産業革命によって過酷な労働を強いられた労働者は，使用者側に労働条件の改善を要求する②＿ ＿ ＿ ＿を展開するようになった。

(2)　世界中の国々において労働条件を改善し，労働者の権利を確立するため，1919年に③＿ ＿ ＿ ＿ ＿ （ILO）が設立された。

C　労働者の権利と労働三法

(1)　労働者を代表する労働組合が使用者側と労働条件をめぐって交渉し，④＿ ＿ ＿を締結する権利を団体交渉権という。

(2)　ストライキなど使用者側に労働条件を改善してもらうために合法的に対抗する団体行動をとる権利を，争議権または⑤＿ ＿ ＿ ＿＿という。

(3)　労働基準法では，賃金や労働時間など労働条件の⑥＿ ＿ ＿ ＿を定めている。また，監督機関として都道府県労働局や各都道府県管内に⑦＿ ＿ ＿ ＿ ＿ ＿ ＿がおかれている。

(4)　労働組合法では，使用者が，労働組合の結成や労働組合活動を妨害したりする行為を⑧＿ ＿ ＿ ＿ ＿として禁止している。

(5)　労使間で自主的に解決できない状況となった場合，⑨＿ ＿ ＿ ＿＿が斡旋・調停・仲裁によって調整をはかる。

①
②
③
④
⑤
⑥
⑦
⑧
⑨
⑩
⑪
⑫

労働三法と労働基本権

次の空欄に当てはまることばを書きなさい。

	（　⑩　）	労働条件の（⑥）	
労働三法	（　⑪　）	団結権	労働組合をつくり団結する権利
		団体交渉権	労働条件改善のため使用者と対等な立場で交渉する権利
	（　⑫　）	（⑤）（争議権）	労働条件の改善が受け入れられなかった場合に争議行為を行う権利

4 現代の雇用・労働問題

教科書p.148〜149

ポイント整理 教科書をみて当てはまることばを書いてみよう………

/13問

A 日本的経営と雇用形態の多様化

(1) 日本では高度経済成長期に，定年まで同一企業に勤める①＿＿＿＿＿，勤続年数により賃金が上がっていく②＿＿＿＿＿＿＿，企業単位で労働組合が組織される③＿＿＿＿＿＿＿＿が団体交渉を行うという労使慣行が定着した。

(2) バブル経済崩壊後には，多くの企業が大規模な人員整理，つまり④＿＿＿＿を余儀なくされた。

(3) 賃金が比較的安く，雇用の調整もしやすいアルバイトやパートタイマー，派遣社員，契約社員などの⑤＿＿＿＿＿が増加した。

(4) 賃金形態では能力給や年俸制など，⑥＿＿＿＿を採用する企業が増えた。

B 労働の現状と労働形態の多様化

(1) 日本は欧米に比べてサービス残業が多く，長時間労働を原因とする⑦＿＿＿など新たな問題も生じている。

(2) 労働基準法に規定された労働時間を弾力的に運用できる⑧＿＿＿＿＿＿＿の運用幅が広げられている。

(3) 出社したか否かにかかわらず，労使協定で定めた時間を働いたことと見なす⑨＿＿＿＿＿も広がりつつある。

C 労働の課題と社会参加

(1) 少子高齢化が進む日本では，女性や高齢者，⑩＿＿＿の労働力への期待が高まっている。

(2) 高齢者雇用については，少子高齢化にともなう社会保障制度の見直しとあわせて，⑪＿＿年齢の引き上げなどが検討されている。

①
②
③
④
⑤
⑥
⑦
⑧
⑨
⑩
⑪
⑫
⑬

労働の課題

次の空欄に当てはまることばを語群から選びなさい。

・（ ⑫ ）の改正により，2019年から在留資格を新たに設けて，特定技能をもつ外国人の受け入れを拡大した。

・1995年には育児休業法が改正され，（ ⑬ ）となった。

語群

男女共同参画社会基本法　　育児・介護休業法
出入国管理法　　特定商取引法
男女雇用機会均等法　　消費者契約法

経済ゼミナール　仕事について考えよう

ポイント整理 教科書をみて当てはまることばを書いてみよう…………

⏹ ／11問

(1) 就職活動スケジュールについて，高校3年生の5月までは，適性分析や職業研究を行う。7月から①＿＿＿が公開され，会社見学を行い，出願企業を決定する。

(2) ①の「所在地」などの欄では，本社の所在地は東京でも，②＿＿場所が地方の工場や営業所・支店という場合もあるので注意が必要である。

(3) ①の「賃金等」の欄は，③＿＿＿のほかに通勤手当・賞与・控除するものなど項目が多く，わかりにくいところでもある。

(4) ①の応募・選考については，「④＿＿試験，適性試験，面接」など選考方法が書かれている。

(5) ①で注目すべき点について，固定給・③に加え，仕事の成果に応じて支払われる給料として，業績給・⑤＿＿＿があり，仕事の成果によって大きく変動する。

(6) 給料の額が上がることを⑥＿＿といい，年1回が一般的である。

(7) ⑦＿＿（人工知能）やロボットなどが普及し，技術が進歩すると，これまであった多くの「仕事」がなくなり，かわりに新しい仕事が生まれる可能性がある。

(8) 学生が就職する前に企業などで「就業体験」をすることを，⑧＿＿＿＿＿＿＿＿という。

(9) 全国には授業や実習の一環として，定期的に地元企業などで就業体験をする⑨＿＿＿＿＿＿＿＿を導入している高校もある。

①
②
③
④
⑤
⑥
⑦
⑧
⑨
⑩
⑪

次の空欄に当てはまることばを語群から選びなさい。

・全員が出社する時間帯（コアタイム）を除き，出社や退社の時間を自分で決められる制度を（　⑩　）という。

・週や月の労働時間が一定なら，時期によって1日の労働時間を使用者側が決められる制度を（　⑪　）という。

語群

年功序列型賃金制	変形時間労働制	裁量労働制
フレックスタイム制	出来高制	終身雇用制

92　第2編　第4章　豊かな生活の実現

5　社会保障の役割

ポイント整理 教科書をみて当てはまることばを書いてみよう…………

／12問

A　社会保障の理念

(1) 社会保障は，日本国憲法第25条に定められた①＿ ＿ ＿をすべての国民に保障することを理念として，国や地方公共団体が，国民としての最低限度の生活（②＿ ＿ ＿ ＿ ＿ ＿ ＿ ＿ ＿ ＿）を基準とし，所得や医療の保障，福祉サービスなどを行うものである。

(2) 各国の社会保障制度の根底には，社会保障を権利としてとらえる共通理念があり，公的扶助と③＿ ＿ ＿ ＿が制度の柱となっている。

B　社会保障制度の発展

(1) 公的扶助制度の源流とされる④＿ ＿ ＿ ＿ ＿ ＿ ＿ ＿は，女王の恩恵として整備されたものである。

(2) ドイツのビスマルクが制定した⑤＿ ＿ ＿ ＿ ＿による世界初の社会保険制度も，労働運動や社会主義運動に対する弾圧の代償として整備された。

(3) アメリカでは1935年に，公的扶助と社会保険を含む⑥＿ ＿ ＿ ＿ ＿が制定された。

(4) イギリスでは，⑦＿ ＿ ＿ ＿ ＿ ＿ ＿ ＿をもとに，1948年に労働党内閣によって充実した社会保障制度が整備された。

(5) 国際労働機関（ＩＬＯ）は，1944年に⑧＿ ＿ ＿ ＿ ＿ ＿ ＿ ＿ ＿ ＿で社会保障の国際的原則を示した。

C　世界の主な社会保障制度

(1) 社会保障制度の体系のうち，⑨＿ ＿ ＿は，全国民を対象とした無差別・平等の保障を基本理念とし，租税負担（公費）を主財源として公的扶助を中心とした高福祉が特徴である。

(2) 社会保障制度の体系のうち，⑩＿ ＿ ＿は，社会保険を主財源として，職種や所得階層ごとに異なった制度のもと，所得額に比例した負担と給付，事業主の負担が大きいことなどが特徴である。

① ＿＿＿＿＿＿＿

② ＿＿＿＿＿＿＿

③ ＿＿＿＿＿＿＿

④ ＿＿＿＿＿＿＿

⑤ ＿＿＿＿＿＿＿

⑥ ＿＿＿＿＿＿＿

⑦ ＿＿＿＿＿＿＿

⑧ ＿＿＿＿＿＿＿

⑨ ＿＿＿＿＿＿＿

⑩ ＿＿＿＿＿＿＿

⑪ ＿＿＿＿＿＿＿

⑫ ＿＿＿＿＿＿＿

社会保障給付の国際比較

次の空欄に当てはまることばを書きなさい。

	福祉その他	（⑪）	（⑫）	合計
日本 高齢化率25.1%（2013年）	4.6	7.8	11.2	23.7
アメリカ 14.1%	3.1	8.2	7.8	19.1
イギリス 17.0%	8.7	7.1	7.0	22.8
ドイツ 20.8%	8.0	7.9	10.2	26.2
フランス 17.9%	8.3	8.6	14.8	31.7
スウェーデン 19.9%	12.3	6.6	8.9	27.8

（厚生労働省資料による）

6 社会保障制度の課題

ポイント整理 教科書をみて当てはまることばを書いてみよう…………

/14問

A 日本の社会保障のあゆみ

⑴ 1961年に①＿ ＿ ＿ ＿ ＿・国民皆年金が実現し，その後も児童手当制度の創設など社会保険制度の拡充がはかられた。

⑵ 政府は1973年を②＿ ＿ ＿ ＿として，健康保険法の改正や老人医療費の無料化などを実現した。

B 日本の社会保障制度

⑴ 日本の社会保障制度は，社会保険，公的扶助，社会福祉，公衆衛生の４本柱からなる。なかでも③＿ ＿ ＿ ＿が中心である。

⑵ ＿③＿には病気やけがに備えた④＿ ＿ ＿ ＿，定年退職後の生活に備えた⑤＿ ＿ ＿ ＿，失業に備えた雇用保険など５種類がある。

⑶ 公的扶助は，⑥＿ ＿ ＿ ＿ ＿にもとづき国が生活困窮者に必要な援助を行う制度である。

⑷ ⑦＿ ＿ ＿ ＿は，児童，母子家庭，障がい者など，社会的弱者に対する生活援護である。

⑸ ⑧＿ ＿ ＿ ＿は，疾病や感染症を予防し，生活環境を整えるといった「予防的な社会保障政策」である。

C 日本の社会保障制度の課題

⑴ 年金の財源調達については，現役世代が高齢者を支える⑨＿ ＿ ＿ ＿と，被保険者が現役時代に積み立てた保険料でまかなう⑩＿ ＿ ＿ ＿の２種類がある。

⑵ すべての人がともに生活できるという「等生化」の考え方を，⑪＿ ＿ ＿ ＿ ＿ ＿ ＿ ＿ ＿ ＿ ＿という。

⑶ 高齢者や障がい者などにとってのさまざまな精神的・物理的な障壁をなくすという思想を，⑫＿ ＿ ＿ ＿ ＿ ＿という。

①
②
③
④
⑤
⑥
⑦
⑧
⑨
⑩
⑪
⑫
⑬
⑭

公的年金のしくみ

次の空欄に当てはまることばを書きなさい。

	iDeCo(個人型確定拠出年金)239万人				■は任意加入
3階部分		確定拠出年金(企業型)782万人	確定給付企業年金930万人	厚生年金基金12万人	退職等年金給付
2階部分	国民年金基金34万人	（ ⑭ ）保険		（代行部分）	公務員等471万人
		民間の会社員4,065万人			
1階部分	1,431万人	（ ⑬ ）(基礎年金)6,729万人			763万人
			4,536万人		

第１号被保険者	第２号被保険者等	第３号被保険者
自営業者,学生など	会社員,公務員など	会社員や公務員に扶養される配偶者

＊人数は2022年３月末現在。（厚生労働省資料などによる）

1 私たちの生活と契約……………………教科書p.140〜141

□❶一方から「申込み」の意思表示があり，相手方がそれを「承諾」することにより，当事者間の意思表示が合致すること。

□❷契約が成立することにより発生する，当事者が契約を履行する義務。

□❸契約が成立することにより発生する，相手方に契約を履行させる権利。

□❹近代社会の根本原則となる所有権絶対の原則を定めている，私法のなかでもとくに身近で基本的な法。

□❺モノを自由に使用・収益・処分することができる権利である所有権をはじめとする，モノに対する権利。

□❻商品が契約どおりの品質や数量でなかった場合に，商品の修繕やかわりの商品との引きかえを請求すること。

2 消費者主権……………………教科書p.142〜143

□❶購入の判断材料となる商品に関する情報を，売り手である企業が消費者に的確に伝えないこと。

□❷消費者自身が商品の品質や安全性をチェックして社会に公表したり，企業に対して改善を要求したりする運動。

□❸消費者の相談窓口として，地方公共団体に設置された機関。

□❹消費者が欠陥商品によって被害を受けた場合，企業側の責任を重く見て，企業の故意や過失が立証できなくても損害賠償が求められることとした法律。ＰＬ法ともいう。

□❺事業者が事実と異なる説明を行った場合，契約を取り消すことができるとした法律。

□❻割賦販売法や特定商取引法で定められた，一定期間内であれば，無条件に契約を解除できる制度。

□❼倫理的・社会的・経済的・環境的配慮にもとづいて選択を行う消費者市民が，社会の改善と発展に積極的に参加する考え方。

□❽クレジットカードや暗号資産方式などに代表される，新しい決済のしくみ。

特集 消費者問題……………………教科書p.144〜145

□❶消費者安全の確保を推進するため，国や地方公共団体に消費者事故などの情報の開示などを努力義務とした法律。

□❷日本産業規格に適合する製品に表示され，製品の品質を保証するマーク。

1 （　　　／6問）

❶

❷

❸

❹

❺

❻

2 （　　　／8問）

❶

❷

❸

❹

❺

❻

❼

❽

特集 （　　　／2問）

❶

❷

3　労働者の権利 ················· 教科書p.146〜147

- □❶イギリスで産業革命がはじまった18世紀末以降，労働者と使用者の間で生じた賃金や労働時間などの労働条件をめぐる対立。
- □❷19世紀のはじめのイギリスで，機械化で職を奪われた熟練労働者たちが起こした機械打ちこわし運動。
- □❸労働者が団結して，賃金や労働時間などの労働条件の改善をはかるためにつくる団体。
- □❹労働者を代表する❸が，使用者側と労働条件をめぐって交渉し，労働協約を締結する権利。
- □❺労働三権を保障するために制定された，労働組合法，労働関係調整法，労働基準法の総称。
- □❻労働基準法の基準が適用されているかどうか，監督にあたっている公務員。
- □❼労働者による❸の結成，労使間の団体交渉および労働協約の締結，争議行為（ストライキなど）を保障する法律。
- □❽労使間の交渉が決裂したときとられる，法的拘束力のある判断による解決。

3 　（　　　／8問）

❶

❷

❸

❹

❺

❻

❼

❽

4　現代の雇用・労働問題 ·············· 教科書p.148〜149

- □❶高度経済成長期に定着した，終身雇用制，企業別労働組合と並ぶ労使慣行。
- □❷賃金が比較的安く，雇用の調整もしやすいアルバイトやパートタイマー，派遣社員，契約社員などの雇用形態。
- □❸❷であるためにきわめて低い収入しか得られない，「働く貧困層」の英語の呼称。
- □❹変形労働時間制のうち，一定の時間帯のなかで出社・退社の時間を自由に決められるしくみ。
- □❺出社したか否かにかかわらず，労使協定で定めた時間を働いたことと見なすしくみ。
- □❻子育てや介護のために離職や休職をする割合が女性の方が高いことから生じた，女性の年齢階級別労働力比率に見られる特徴的な雇用。

4 　（　　　／6問）

❶

❷

❸

❹

❺

❻

経済ゼミ　仕事について考えよう ·········· 教科書p.150〜151

- □❶必ず定期的に支払われる給料の額。基本給ともいう。
- □❷特定の資格をもっていると一定額が給料に上乗せされる手当。
- □❸本格的な就職活動をする前に，学生が企業などで「就業体験」をすること。

経済ゼミ（　　　／3問）

❶

❷

❸

5　社会保障の役割 ································ 教科書p.152〜153

□❶日本国憲法第25条に定められた生存権にもとづき，国や地方公共団体がすべての国民に保障することをめざす国民としての最低限度の生活。

□❷社会保障制度の根底にある，社会保障を権利としてとらえる理念。

□❸1601年に制定されたエリザベス救貧法がその源流とされる，社会保障制度の柱の１つ。

□❹19世紀後半にドイツのビスマルクが制定した疾病保険法によって世界で初めて整備された，社会保障制度の柱の１つ。

□❺1948年，イギリス労働党内閣によって整備された，生涯にわたる社会保障制度でかかげられたスローガン。

□❻国際労働機関（ＩＬＯ）が1944年に発表した，社会保障の国際的原則。

□❼社会保険を主財源として，職種や所得階層ごとに異なった制度のもと，所得額に比例した負担と給付，事業主の負担が大きいことなどが特徴である社会保障制度の体系。

□❽全国民を対象とした無差別・平等の保障を基本理念とし，租税負担（公費）を主財源として公的扶助を中心とした高福祉が特徴である社会保障制度の体系。

5　（　　　／8問）

❶
❷
❸
❹
❺
❻
❼
❽

6　社会保障制度の課題 ································ 教科書p.154〜155

□❶1874年に制定された，日本で最初の公的扶助となった貧民救済制度。

□❷社会保険のうち，40歳以上の人が保険料を支払い，65歳以上の介護を必要とする人が介護サービスを受けられるように支えるしくみ。

□❸公的扶助は，（　　）にもとづき国が生活困窮者に必要な援助を行う制度である。（　　）に当てはまる語句を答えよ。

□❹児童，母子家庭，障がい者など，社会的弱者に対する生活援護を行う制度。

□❺「予防的な社会保障政策」である公衆衛生の活動の中心となる，各地方自治体に設置された機関。

□❻日本の年金制度の基礎となっている，20歳以上60歳以下の全国民が加入する年金保険。基礎年金ともいう。

□❼年金の財源調達のうち，❻に取り入れられている，現役世代が高齢者を支える方式。

□❽障がいや能力の如何を問わず，誰もが利用できる道具や施設の設計のこと。

6　（　　　／8問）

❶
❷
❸
❹
❺
❻
❼
❽

年　　組　　番	点数	★ 思考・判断・表現
名前	／100点	／16点

1　次の文章を読んで，設問に答えよ。

　　企業と消費者の間に発生するトラブルには，a両者との間にある情報の質や量，交渉力などの格差が背景にある。また，労働者が企業（使用者）との間に交わすb労働契約もまた，対等とはいえず，c労働条件をめぐる対立（労働問題）が生じることがある。こうしたトラブルの解決に向けて，d社会的な対応も必要とされる。これまで国などの公的機関が主導して，e消費者やf労働者の利益を保護する制度を整えてきた。消費者の相談窓口としては，国に国民生活センター，地方公共団体に（　1　）が設置された。労働条件の監督機関としては都道府県労働局や各都道府県管内に（　2　）がおかれ，労働基準監督官が監督にあたっている。

問1　文章中の（　1　）・（　2　）に入る適語を答えよ。

問2　下線部aのことを何とよぶか。

問3　下線部bについて，契約の内容や結ぶ相手は，当事者の自由な意思で決めることができる。この原則を何というか。

問4　下線部cについて，この解決をめざして，労働者を代表する労働組合が使用者側と労働条件をめぐって交渉する権利を，次の①〜④のうちから1つ選べ。

①　団体交渉権　　②　団結権　　③　団体行動権　　④　勤労権

問5　下線部dについて，次の問いに答えよ。

★(1)　労働契約において，民法の規定だけでは労働者は企業の言い分に従わざるを得ない。そこで，どのような社会的な対応がとられているか。「私法」「社会法」の語を用いて説明せよ。

(2)　人々の利益の実現のために行われる労働や社会保障に関する法律・政策についての記述として最も適当なものを，次の①〜④のうちから1つ選べ。

①　非正規労働者には，法律上，労働組合を組織し，団結する権利が認められていない。

②　国民所得に占める社会保障給付費の割合は，先進諸国のなかで最も高い。

③　労働争議の自主的解決が難しい場合，労働委員会が斡旋や仲裁などをはかることがある。

④　国の歳出予算において，生活保護費は社会保険費を上回っている。

問6　下線部eについて，消費者が一定期間内であれば，無条件に契約を解除できる制度を何というか。

問7　下線部fについて，社会保険には5種類がある。このうち，労働者の生活を保障するための制度は，失業に備えた雇用保険ともう1つは何か。

2　次の文章を読んで，設問に答えよ。

　　19世紀までの社会保障制度は，支配者による恩恵，a労働運動などに対する弾圧の代償として整備された。20世紀に入り，社会主義国のソ連が社会保障政策を打ち出すと，（　1　）でもb公的扶助と社会保険を含む社会保障法が制定され，第二次世界大戦後のイギリスで，ベバリッジ報

告をもとに充実した c 社会保障制度が整備された。日本でも戦後，日本国憲法で生存権の保障が国の責務であることが明示され，1961年には（　2　）・国民皆年金が実現した。その後，d 少子高齢化が急速に進むと，e 財源確保やサービスの維持などが大きな課題となってきた。

問1　文章中の（　1　）に入る国名，（　2　）に入る適語を答えよ。

問2　下線部 a について，19世紀後半にドイツのビスマルクが制定した法律を，次の①～④のうちから1つ選べ。

①　恤救規則　　②　エリザベス救貧法　　③　健康保険法　　④　疾病保険法

問3　下線部 b の制度の内容を，次の①～④のうちから1つ選べ。

①　社会的弱者の生活を援護する。　　②　疾病や感染症を予防する。

③　生活困窮者に必要な援助を行う。　　④　病気・高齢などの際に給付を受ける。

★**問4**　下線部 c について右の図は，世界の社会保障制度を分類したもので，ア・イは北欧型と大陸型のいずれかを示している。また，次の X・Y の文は北欧型と大陸型のいずれかを説明したものである。大陸型の図・説明をそれぞれ選べ。

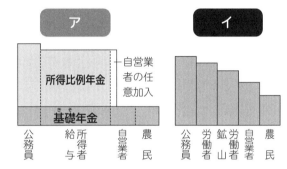

X　所得額に比例して負担・給付が行われ，事業主の負担が大きい。

Y　租税負担（公費）を主財源として，無差別・平等の保障をめざす。

問5　下線部 d について，階段の横にスロープを設けるなど，高齢者や障がい者などにとってのさまざまな精神的・物理的な障壁をなくす試みを何というか。

問6　下線部 e のために行われている政策として当てはまらないものを，次の①～④のうちから1つ選べ。

①　年金支給開始年齢の引き上げ　　②　年金保険料の納付開始年齢の引き下げ

③　年金給付水準の引き下げ　　④　年金保険料の引き上げ

①	問1	1 6点		2 6点		問2 6点	
	問3 6点			問4 6点			
	問5	★(1) 10点					
		(2) 6点		問6 6点		問7 6点	
②	問1	1 6点		2 6点		問2 6点	
	問3 6点		★問4 図 6点(完答)		説明		
	問5 6点			問6 6点			

1　国家主権と国際法

教科書p.158〜159

ポイント整理　教科書をみて当てはまることばを書いてみよう…………

／13問

A　国際社会の成立

(1)　世界にある200近くの国家は，国家の3要素とよばれる①＿＿・国民・主権をもち，互（たが）いに独立し，対等な関係にあり，国際社会は，このような②＿＿＿＿を単位として成立している。

(2)　＿②＿の概念（がいねん）は，ヨーロッパにおいて17世紀の三十年戦争を終結させた③＿＿＿＿＿＿＿＿＿＿＿＿をきっかけに成立した。

B　国際法の成立

(1)　国際社会の平和を維持（いじ）するために必要となる取り決めのことを④＿＿＿＿という。

(2)　「＿④＿の父」といわれるオランダの法学者⑤＿＿＿＿＿＿は，『戦争と平和の法』を著し，⑥＿＿＿の立場から，国際社会にも国家が守るべき法があることを示した。

C　国際法と国際裁判

(1)　国際法は，国家間で合意・成文化された⑦＿＿と，各国の慣行（かんこう）が法として守られてきた⑧＿＿＿＿＿からなる。

(2)　公海ではどの国の船の航行・漁業も自由とする⑨＿＿＿＿＿＿＿は，慣行的に守られてきたが，解釈（かいしゃく）をめぐる意見の違いが生（しょう）じてきたために，＿⑦＿で成文化された。

(3)　国家間の紛争を平和的に解決する手段の1つとして，⑩＿＿＿＿＿＿＿（ICJ）が設置されている。

(4)　集団虐殺（ぎゃくさつ）（ジェノサイド），戦争犯罪，人道に対する罪などにかかわった個人を裁く国際刑事法廷として，⑪＿＿＿＿＿＿＿＿（ICC）が設置されている。

①
②
③
④
⑤
⑥
⑦
⑧
⑨
⑩
⑪
⑫
⑬

国家の領域（主権の及ぶ範囲）

次の空欄に当てはまることばを書きなさい。

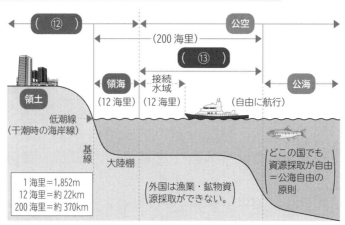

2 人権保障の広がり

ポイント整理 教科書をみて当てはまることばを書いてみよう…………

/14問

A 世界人権宣言と国際人権規約

(1) アメリカのF．ルーズベルト大統領は，1941年の一般教書で国際平和の基本原則として「①＿＿＿＿＿」を提唱した。

(2) 国際協力による人権の尊重を目的としてかかげる国際連合は，1948年に②＿＿＿＿＿＿を採択（さいたく）した。

(3) より確固たる人権保障のために，1966年に②を条約化し，法的拘束（こうそく）力をもつものとして，③＿＿＿＿＿＿が採択された。

(4) ③は，④＿＿＿的人権を保障するA規約と，⑤＿＿＿的人権を保障するB規約などからなっている。

B 個別的な人権条約

(1) 国際連合が採択した，対象別の人権保障をめざす個別的な人権条約として，⑥＿＿＿＿（1951年），⑦＿＿＿＿＿＿＿＿（1979年）などがある。

(2) 1965年には，あらゆる種類の人種差別を非難し，その撤廃（てっぱい）を目的とする⑧＿＿＿＿＿＿＿＿が採択された。

(3) 1989年には，18歳未満のすべての子どもを権利の主体として認め，地球規模で権利の実現を求める⑨＿＿＿＿＿＿＿が採択された。

C 国連の人権理事会と人権NGO

(1) 国連は，2006年にそれまで経済社会理事会の下部機関であった人権委員会にかわって，総会の補助機関として⑩＿＿＿＿＿を設置した。

(2) 人権の擁護（ようご）と尊重のために活動するNGO（非政府組織）を⑪＿＿＿＿＿とよび，その代表として，世界数十か国で人権状況をモニターしている⑫＿＿＿＿＿＿＿＿＿＿＿などがある。

①
②
③
④
⑤
⑥
⑦
⑧
⑨
⑩
⑪
⑫
⑬
⑭

人権の擁護

次の空欄に当てはまることばを語群から選びなさい。

・国際連合は2006年，すべての障がい者が，人権や基本的自由を享有（きょうゆう）するための措置の実現を求める（ ⑬ ）を採択した。

・人権NGOの（ ⑭ ）は，政治的主張や宗教などを理由に拘束されている人々の釈放（しゃくほう）や死刑の廃止（はいし）などを訴（うった）えて活動している。

語群 アムネスティー・インターナショナル　障害者権利条約
ウェストファリア条約　国際刑事裁判所
経済社会理事会　サンフランシスコ平和条約

3　国際連合の役割と課題

教科書p.164〜165

ポイント整理　教科書をみて当てはまることばを書いてみよう…………

／11問

A　国際連合の成立

(1)　20世紀初頭までの勢力均衡の方策は，かえって軍拡競争を進め，

　　①＿＿＿＿＿＿＿を招く要因となったため，集団安全保障の考

　　え方が重視されることになった。

(2)　1920年には，集団安全保障の考え方にもとづく②＿＿＿＿が設

　　立されたが，これも第二次世界大戦の勃発を防ぐことはできなかっ

　　た。

(3)　1945年には，③＿＿＿＿＿＿（国連憲章）が採択され，国際

　　連合（国連）が成立した。

B　国際連合の役割

(1)　国連の第一の目的は，世界の④＿＿と安全を維持することである。

(2)　国連の6つの主要機関のうち，⑤＿＿は，全加盟国で構成され，

　　さまざまな国際問題について討議する。

(3)　国連の6つの主要機関のうち，⑥＿＿＿＿＿＿＿＿（安保理）は，

　　5か国の常任理事国と10か国の非常任理事国で構成される。

(4)　安保理の常任理事国には⑦＿＿＿が与えられており，常任理事

　　国が1国でもこの権利を行使すれば，議決できない。

C　国際連合の課題

(1)　国連憲章は，世界の平和と安全を維持するために，安保理と加盟

　　国との特別協定にもとづく⑧＿＿＿の創設を定めている。

(2)　大国の利害の不一致などから，現在まで⑧は設置されておらず，

　　かわりに⑨＿＿＿（国連平和維持活動）が国連の安全保障機能を

　　はたしてきた。

①

②

③

④

⑤

⑥

⑦

⑧

⑨

⑩

⑪

国際社会の平和を維持するための方策

次の空欄に当てはまることばを書きなさい。

⑩

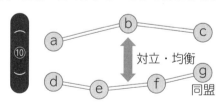

対立・均衡

同盟

⑪

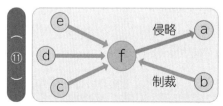

侵略

制裁

4　第二次世界大戦後の国際社会

教科書p.168〜169

ポイント整理 教科書をみて当てはまることばを書いてみよう…………

/14問

A　冷戦構造の形成

(1)　第二次世界大戦後，アメリカを中心とする①＿＿＿＿諸国（西側）と②＿＿を中心とする社会主義諸国（東側）が対立するようになった。この対立は，直接戦火をまじえることはなかったため，③＿＿（冷たい戦争）とよばれた。

(2)　東西両陣営の対立のはざまで，朝鮮戦争や④＿＿＿＿＿＿など米ソの代理戦争が勃発した。

B　対立の激化と緩和

(1)　1955年には，第二次世界大戦後はじめて東西の大国（米英仏ソ）が一堂に会し，⑤＿＿＿＿＿＿＿＿＿＿＿が開かれた。

(2)　世界が全面核戦争の一歩手前の状況におちいった1962年の⑥＿＿＿＿＿＿への反省から，1960年代以降，⑦＿＿＿＿（デタント）が進んだ。

(3)　力をつけたＥＣ諸国・日本・中国などが，米ソ両大国による二極支配に対して，発言力を強めていったことを，⑧＿＿＿という。

C　第三世界の台頭

(1)　1955年にインドネシアのバンドンで⑨＿＿＿＿＿＿＿＿＿＿＿（バンドン会議）が開かれ，平和10原則が採択された。

D　冷戦の終結

(1)　1985年にソ連共産党書記長に就任したゴルバチョフは，経済停滞を打破するため⑩＿＿＿＿＿＿＿（改革）を実施した。

(2)　1989年には，③の象徴であった⑪＿＿＿＿＿が撤去され，同年，米ソ首脳は⑫＿＿＿会談で③終結を宣言した。

①
②
③
④
⑤
⑥
⑦
⑧
⑨
⑩
⑪
⑫
⑬
⑭

ヨーロッパにおける冷戦体制の形成

次の空欄に当てはまることばを書きなさい。

自由主義国（西側）		社会主義国（東側）
●トルーマン・ドクトリン（1947） ●マーシャル・プラン（1947〜51）	政治・経済	●コミンフォルム（1947〜56） ●経済相互援助会議 　（COMECON，　1949〜91）
●（　⑬　） 　（NATO，1949〜）	軍事	●（　⑭　） 　（WPO，1955〜91）

5　冷戦終結後の国際社会

ポイント整理　教科書をみて当てはまることばを書いてみよう‥‥‥‥

／13問

A　冷戦終結後のソ連・東欧諸国

⑴　1991年，ソ連が解体して①＿＿＿＿＿＿＿＿（CIS）が形成

されると，②＿＿＿＿＿がロシアからの独立を宣言し，ロシア

が軍事介入を行い内戦状態となった。

⑵　③＿＿＿＿＿＿＿＿では，1991年にスロベニアとクロアチアが

独立を宣言して戦争がはじまった。

B　冷戦終結後のアメリカ・NATO

⑴　イラクが④＿＿＿＿＿に侵攻すると，国連安保理決議にもと

づき，1991年にアメリカを中心とする多国籍軍がイラクを攻撃して

＿④＿を解放した。これを⑤＿＿＿＿という。

⑵　北大西洋条約機構（NATO）は，「⑥＿＿＿＿＿」を打ちだし，

ヨーロッパ周辺の紛争の鎮圧と治安維持，テロリズムに対する協力

体制を推進するとした。

⑶　NATOは1999年には，⑦＿＿＿＿＿において犠牲者の救済

という人道的な理由から，＿③＿への空爆を行った。

C　アメリカ同時多発テロ事件後の世界

⑴　2001年9月11日，アメリカでニューヨークの貿易センタービルな

どが攻撃される⑧＿＿＿＿＿＿＿＿＿が発生した。

⑵　アメリカは「テロとの戦い」をとなえ，テロ組織の拠点とされた

⑨＿＿＿＿＿＿＿＿のタリバン政権に対する攻撃を行った。

⑶　2003年には，イラクのフセイン政権が大量破壊兵器を隠している

と疑ったアメリカは⑩＿＿＿＿＿をはじめた。

⑷　チュニジアではじまった反政府デモがエジプトやリビアでも起こ

り，それぞれの国の独裁政権が打倒されるなどした，アラブ世界の

民主化の動きを「⑪＿＿＿＿＿」という。

①
②
③
④
⑤
⑥
⑦
⑧
⑨
⑩
⑪
⑫
⑬

アメリカの外交姿勢

次の空欄に当てはまることばを書きなさい。

単独行動主義（　⑫　）	多国間協調主義（　⑬　）
ブッシュ大統領（2001〜09年）	オバマ大統領（2009〜17年）
・アフガニスタン攻撃	・核軍縮の推進（プラハ演説）
・イラク戦争	・地球環境問題への取り組み
・CTBTの批准放棄	（パリ協定）
・京都議定書からの離脱	

6 人種・民族・難民問題

ポイント整理 教科書をみて当てはまることばを書いてみよう…………

／13問

A 人種問題

(1) 異なる人種に対する差別的な扱いを①＿＿＿＿という。

(2) 南アフリカで行われていた②＿＿＿＿＿＿＿＿（人種隔離政策）や，オーストラリアの先住民族である③＿＿＿＿＿（アボリジナル）の迫害などは国際世論の批判をあび，終結した。

(3) アメリカでは，④＿＿＿＿の制定により，長年差別されてきたアフリカ系アメリカ人の社会進出が保障された。

B 民族問題と地域紛争

(1) 言語・宗教・生活様式といった文化の違いを基準に分類された人間集団を⑤＿＿という。

(2) 世界の国家の多くは複数の＿⑤＿が居住する⑥＿＿＿＿＿で，その形成過程はさまざまである。

(3) パレスチナでは，第二次世界大戦後，⑦＿＿＿人のイスラエル建国のために，居住地を追われた先住の⑧＿＿＿人（パレスチナ人）と＿⑦＿人との対立が続いている。

(4) トルコやイラクなどにまたがる国境山岳地帯（クルディスタン）に居住する⑨＿＿＿人は，世界最大の国家をもたない民族とされる。

C 難民問題

(1) 1951年採択の「難民の地位に関する条約」，1967年採択の「難民の地位に関する議定書」を，あわせて⑩＿＿＿＿とよぶ。

(2) 難民問題の解決に向けて，⑪＿＿＿＿＿＿＿＿＿＿＿＿（UNHCR）や国際的なNGOが活動している。

①
②
③
④
⑤
⑥
⑦
⑧
⑨
⑩
⑪
⑫
⑬

世界の地域紛争

次の空欄に当てはまることばを書きなさい。

7 核兵器の廃絶と国際平和

教科書p.176〜177

ポイント整理 教科書をみて当てはまることばを書いてみよう…………

/12問

A 核軍拡競争

(1) 冷戦時代には，軍事的に優位に立つことによって，相手の攻撃を抑止（よくし）できるという①＿＿＿の考え方が，米ソの核軍拡競争をエスカレートさせた。

B 核軍縮と核不拡散

(1) 核実験や核兵器の開発を制限するものとして，1963年に米英ソ3国で②＿＿＿＿＿＿＿＿＿＿＿＿（PTBT）が，1968年に③＿＿＿＿＿＿＿＿＿＿（NPT）が締結（ていけつ）された。

(2) 1987年には史上初の核軍縮条約である④＿＿＿（中距離核戦力）全廃条約が締結された。また，1991年には⑤＿＿＿＿＿＿＿＿が締結され，大幅な核兵器の削減が実現した。

(3) 国連では，核兵器の開発をさらに困難にするものとして，1996年に⑥＿＿＿＿＿＿＿＿＿＿＿が採択（さいたく）された。

C 核兵器以外の軍縮

(1) 核兵器以外にも，細菌やウイルスの毒性を用いる生物兵器，毒ガスなどの化学兵器といった⑦＿＿＿＿＿＿の製造や保有を禁止する条約が締結されている。

(2) 通常兵器については，NGOなどの活躍により，⑧＿＿＿＿＿＿＿＿やクラスター爆弾禁止条約などが締結されている。

D 軍縮と平和への努力

(1) 1955年，第1回⑨＿＿＿＿＿＿＿＿＿＿が広島で開催された。

(2) 1957年には，世界の科学者たちが集まって⑩＿＿＿＿＿＿＿＿＿＿が開催された。

①
②
③
④
⑤
⑥
⑦
⑧
⑨
⑩
⑪
⑫

軍縮と平和運動のあゆみ

次の空欄に当てはまることばを語群から選びなさい。

		語群	
1955	第1回原水爆禁止世界大会		不戦条約
1963	部分的核実験禁止条約		核兵器禁止条約
1968	核兵器拡散防止条約		モスクワ条約
1972	戦略兵器制限条約（ ⑪ ）		STARTI
1987	中距離核戦力全廃条約		CTBT
1991	戦略兵器削減条約		SALTI
1996	包括的核実験禁止条約		
2017	（ ⑫ ）		

8 日本の安全保障の現状

教科書p.178〜179

ポイント整理 教科書をみて当てはまることばを書いてみよう………

/12問

A 冷戦の終結と平和主義の変貌

(1) 1991年の湾岸戦争を機に，①＿ ＿ ＿（国連平和維持活動）への
自衛隊の参加が議論となった。

(2) 冷戦の終結によって安保体制も再定義され，日本の「周辺事態」
の際の日米両国の協力について②＿ ＿ ＿ ＿ ＿ ＿ ＿ ＿ ＿が制定
された。

(3) 2001年のアメリカでの「同時多発テロ」を契機に，自衛隊による
アメリカ軍の後方支援のための③＿ ＿ ＿ ＿ ＿ ＿ ＿ ＿が制定
された。

(4) 2003年のイラク戦争の際には，④＿ ＿ ＿ ＿ ＿ ＿ ＿ ＿ ＿
＿ ＿が制定され，自衛隊が海外に派遣された。

(5) 2003年以降は，日本の有事の際に対応するための⑤＿ ＿ ＿ ＿が
定められた。

(6) 2013年には，内閣総理大臣や防衛大臣などが国家の安全保障に関
する重要事項について審議する，⑥＿ ＿ ＿ ＿ ＿ ＿ ＿ ＿（日本
版ＮＳＣ）が新設された。

(7) 2015年にはガイドラインの再改定を受けて，⑦＿ ＿ ＿ ＿ ＿
＿が制定された。

B 安全保障政策の今後

(1) 2006年に日米両政府は，沖縄に駐留する海兵隊の一部撤退や，⑧
＿ ＿ ＿基地の移設などについて合意した。

(2) 2014年の閣議決定で，従来の政府見解では憲法上認められないと
されていた⑨＿ ＿ ＿ ＿ ＿が認められるとされた。

①
②
③
④
⑤
⑥
⑦
⑧
⑨
⑩
⑪
⑫

安全保障関連法の主な内容

次の空欄に当てはまることばを書きなさい。

(⑩)	存立危機事態において，密接な関係の他国への攻撃に対し，集団的自衛権による反撃が可能となった。
重要影響事態法	日本の安全のため活動する米軍・他国軍への後方支援などができるようになった。
自衛隊法	日本防衛のため活動する米軍・他国軍の武器・艦船などを自衛隊が防護できるようになった。
(⑪)	国連の指揮下にない人道復興支援や治安維持活動，駆けつけ警護が可能となった。
(⑫)	国際社会の平和のために活動する米軍・他国軍への後方支援を行うことができるようになった。

1　国家主権と国際法‥‥‥‥‥‥‥‥‥‥‥教科書p.158〜159

☐❶現在，世界にある200近くの国家がもつ，領域・主権と並ぶ国家の3要素。

☐❷「戦争と平和の法」を著し，自然法の立場から，国際社会にも国家が守るべき法があることを示した法学者。

☐❸外国との国交関係を樹立するためなど，さまざまな目的で国家間で合意・成文化された国際法。

☐❹国際法のうち，各国の慣行が法として守られてきたもの。

☐❺慣行的に守られてきたが，解釈をめぐる意見の違いが生じてきたために条約で成文化された国際慣習法のうち，公海ではどの国の船の航行・漁業も自由とする原則。

☐❻国家間の紛争を平和的に解決する手段の1つとして設置された国際司法裁判所の略称。

1　（　　／6問）

❶
❷
❸
❹
❺
❻

特集　領土をめぐる問題‥‥‥‥‥‥‥‥‥‥教科書p.160〜161

☐❶日本固有の領土である北方領土を占拠している国。

☐❷第二次世界大戦後，韓国が領有を主張し，1954年以降は警備隊を常駐させて占拠している日本の島。

☐❸1968年の東シナ海海底調査で，近海に石油資源が埋蔵されている可能性が指摘されると，中国・台湾当局が領有権を主張しはじめた地域。

特集　（　　／3問）

❶
❷
❸

2　人権保障の広がり‥‥‥‥‥‥‥‥‥‥‥教科書p.162〜163

☐❶1941年の一般教書で，国際平和の基本原則として「4つの自由」を提唱したアメリカの大統領。

☐❷1948年に国際連合が採択した，人権に関してすべての国が達成すべき基準を示したが，条約ではなく法的な拘束力をもたなかった宣言。

☐❸1966年に採択された国際人権規約のうち，自由権的人権を保障する規約。

☐❹国連が採択した個別の人権条約のうち，迫害のおそれのある国への送還の禁止などを定めた条約。

☐❺すべての障がい者が，人権や基本的自由を享有するための措置の実現を求める条約。

☐❻2006年にそれまで経済社会理事会の下部機関であった人権委員会にかわって設置された，総会の補助機関。

☐❼政治的主張や宗教などを理由に拘束されている人々の釈放や死刑の廃止などを訴えて活動している人権NGO。

2　（　　／7問）

❶
❷
❸
❹
❺
❻
❼

3　国際連合の役割と課題 ·····················教科書p.164〜165

3　（　　　　／7問）

□❶国際社会の平和を維持するための方策として，20世紀初頭までは有力であったもの。

□❷各国の合意にもとづいて組織をつくり，互いに武力の行使を禁止し，違反した国に対しては加盟国全体で制裁を加えることで加盟国の安全を維持しようとする方策。

□❸安全保障理事会（安保理）において拒否権を与えられている国々。

□❹安保理を構成する，❸以外の10か国。

□❺安保理において，❸のうち１国でも拒否権を行使すれば，議決できないとする原則。

□❻安保理と国連加盟国との特別協定にもとづいて創設されるが，これまで大国の利害の不一致などから設置されたことがない軍。

□❼世界各地に派遣された停戦監視団，ＰＫＦ（平和維持軍），選挙監視団などにより，停戦の確保や軍事監視，平和回復後の選挙監視などの活動を行っている国連平和維持活動の略称。

❶
❷
❸
❹
❺
❻
❼

特集　ＭＤＧｓ／ＳＤＧｓ ·····················教科書p.166〜167

特集　（　　　　／2問）

□❶2001年に策定された開発分野における国際社会共通の目標。略称でＭＤＧｓという。

□❷2015年の国連サミットで策定された，国際社会に生じた新たな課題に取り組むための持続可能な開発目標の略称。

❶
❷

4　第二次世界大戦後の国際社会 ··············教科書p.168〜169

4　（　　　　／8問）

□❶第二次世界大戦後，ソ連を中心とする社会主義諸国（東側）と対立するようになった資本主義諸国（西側）の中心国。

□❷東側諸国が結成して，西側の北大西洋条約機構（ＮＡＴＯ）と対立した軍事同盟。略称でＷＰＯという。

□❸アジアで起こった米ソの代理戦争のうち，ベトナム戦争より前に起こったもの。

□❹フルシチョフによるスターリン批判をきっかけに，西側との平和共存に向けた姿勢を示すようになった国。

□❺ソ連がキューバにミサイル基地を建設したことで，米ソの対立が全面核戦争一歩手前までの状況に激化した事件。

□❻民族自決権の原則のもと独立を達成したアジア・アフリカ諸国がとった，東西どちらの陣営にも属さない中立の立場。

□❼ソ連のアフガニスタン侵攻をきっかけに新たな緊張が生じ，1980年代前半に米ソの軍拡競争が再び激しさを増した状態。

□❽1985年にソ連共産党書記長に就任し，経済停滞を打破するためペレストロイカ（改革）を実施した人物。

❶
❷
❸
❹
❺
❻
❼
❽

5　冷戦終結後の国際社会······················教科書p.170〜171

□❶1991年に連邦が崩壊した，独立国家共同体（ＣＩＳ）のもととなる国々が構成していた国家。

□❷ユーゴスラビアで，1991年にスロベニアとともに独立を宣言した国。

□❸1991年にクウェートに侵攻し，アメリカを中心とする多国籍軍の攻撃を受けた国。

□❹「新戦略概念」を打ちだし，ヨーロッパ周辺の紛争の鎮圧と治安維持，テロリズムに対する協力体制を推進するとした西側の軍事同盟。略称をＮＡＴＯという。

□❺同時多発テロ事件のテロ組織の拠点とされた，アフガニスタンの政権。

□❻アメリカがとった，国際問題の解決を一国主導で行おうとする方針。単独行動主義ともいう。

□❼南シナ海のほぼ全域の領有権を主張して，ベトナム，フィリピンなどの沿海諸国と対立している国。

□❽イスラム過激派組織が台頭し，2011年以降，内戦状態におちいっている国。

6　人種・民族・難民問題······················教科書p.172〜173

□❶コーカソイド，ネグロイドといった，皮膚や毛髪の色などの身体的な特徴で分類された人間集団。

□❷アメリカ大統領ウィルソンが提唱した，国連憲章において認められ，国際人権規約の締結国はこれを保障する義務を負っている権利。

□❸ユダヤ人のイスラエル建国のために居住地を追われた先住のアラブ人（パレスチナ人）と，ユダヤ人との間で発生した問題。

□❹人種，宗教，国籍，政治的意見などを理由に迫害を受けるか，そのおそれのあるため，他国に逃れた人々。

□❺❹を迫害するおそれのある国へ，強制的に追放・送還させてはならないとする原則。

□❻難民問題の解決に向けて活動している，国連難民高等弁務官事務所の略称。

思考実験　難民問題を考える··················教科書p.174〜175

□❶シリア国内の対立が激化，長期化したことで多くの難民が発生し，近隣の中東諸国やヨーロッパに押し寄せたできごと。

□❷ミャンマーで長年差別に苦しみ，2017年の軍事衝突をきっかけに隣国のバングラデシュに避難した，イスラム系少数民族。

5	（　　　　／8問）
❶	
❷	
❸	
❹	
❺	
❻	
❼	
❽	

6	（　　　　／6問）
❶	
❷	
❸	
❹	
❺	
❻	

思考実験（　　　　／2問）	
❶	
❷	

7 核兵器の廃絶と国際平和 ·················· 教科書p.176〜177

□❶冷戦時代に，核抑止の考え方によって米ソの核軍拡競争がエスカレートしていった状態。

□❷核開発競争緩和の動きが見られるなか，1963年に米ソとともに部分的核実験禁止条約（ＰＴＢＴ）を締結した国。

□❸1968年に締結された，非保有国の核兵器の製造，保有国の非保有国への核兵器の供与などを禁止した条約。略称をＮＰＴという。

□❹1991年に締結され，大幅な核兵器の削減が実現した条約。略称をＳＴＡＲＴという。

□❺地下核実験を含め，爆発をともなうすべての核実験を禁止した1996年締結の条約。略称をＣＴＢＴという。

□❻通常兵器の軍縮条約のうち，多数の小型爆弾を内蔵した爆弾の禁止を定めた条約。

□❼1954年，アメリカの水爆実験によって被ばくした日本の漁船。

（　　　／7問）

❶
❷
❸
❹
❺
❻
❼

8 日本の安全保障の現状 ·················· 教科書p.178〜179

□❶1992年に制定され，自衛隊の海外派遣がはじまることとなった法律。ＰＫＯ協力法ともいう。

□❷周辺事態法の制定，自衛隊法の改正などで整備された，日米両国の協力についての関連法。

□❸有事関連3法，有事関連7法からなる，日本の有事の際に対応するための法制。

□❹ソマリア沖などの海賊行為に対処するため，2009年に制定された法律。

□❺2013年に新設された，内閣総理大臣や防衛大臣，外務大臣などが国家の安全保障に関する重要事項について審議する会議。日本版ＮＳＣとよばれる。

□❻2015年に整備された，❶や自衛隊法，武力攻撃事態法などの改正などからなる関連法。

□❼国際社会の平和のために活動する米軍・他国軍への後方支援を行うことができるようにした法律。

□❽日本と密接な関係にある他国に対する武力攻撃が発生し，これにより日本の存立が脅かされる場合において，自衛のための措置として必要最小限度の実力を行使できる権利。

8　（　　　／8問）

❶
❷
❸
❹
❺
❻
❼
❽

特集 平和的生存権とは ·················· 教科書p.180〜181

□❶日本国憲法の前文にうたわれている，戦争からの解放と平和のなかで生きていくことを保障する権利。

□❷ＵＮＤＰ（国連開発計画）が『人間開発報告書』で提唱した考え方。

特集　（　　　／2問）

❶
❷

年　　組　　番	点数	★ 思考・判断・表現
名前	／100点	／16点

★ 思考・判断・表現／無印 知識・技能

1　次の文章を読んで，設問に答えよ。

　　人権保障は元来，国内問題であり，たがいに平等の関係にある国家間でa 他国の人権問題に干渉せずというのが国際法の原則だった。しかし，ナチス=ドイツなどがしいた一党独裁体制である（　1　）による人権の抑圧など，深刻な人権侵害を行う国はb 国際平和をも脅かすことが認識され，人権の国際的保障が平和の維持のために必要だと考えられるようになった。こうして第二次世界大戦後にc 人権の国際化が進められ，国際連合を中心にd 様々な人権条約がつくられていった。2006年には人権委員会にかわって，総会の補助機関として（　2　）を設置した。また，e 民間の組織による様々な説得を通じて，保障状況が改善された例も多い。

問1　文章中の（　1　）・（　2　）に入る適語を答えよ。

問2　下線部aの原則を何というか，次の①～④のうちから1つ選べ。

　　①　領土保全の尊重　　②　内政不干渉　　③　平和的共存　　④　公海自由の原則

問3　下線部bについて，1941年の一般教書で国際平和の基本原則として「4つの自由」を提唱したアメリカ大統領はだれか。

問4　下線部cについて，次の問いに答えよ。

⑴　国際人権規約のB規約の内容として当てはまらないものを，次の①～④のうちから1つ選べ。

　　①　少数民族の保護　　　②　民族自決権

　　③　プライバシーの保護　　④　18歳未満の子どもが搾取から守られる権利

★⑵　国際人権規約と比べて，世界人権宣言はA【①　条約として定められた　　②　条約ではなかった】ため，B【①　法的拘束力がなかった　　②　法的拘束力があった】という点が特色である。A・Bから正しいものを1つずつ選べ。

問5　下線部dについて，次の①～④の人権条約のうち，採択されたのが最も古いものを1つ選べ。

　　①　障害者権利条約　　②　女性差別撤廃条約　　③　難民条約　　④　人種差別撤廃条約

問6　下線部eについて，政治的主張や宗教などを理由に拘束されている人々の釈放や，死刑の廃止などを訴えて活動している人権NGOを何というか。

2　次の文章を読んで，設問に答えよ。

　　近年のa 国際政治の状況の変化を受けて，国連改革をめぐる議論が高まってきた。第一に（　1　）理事会の改革に関する議論である。b 理事会の機能を強化し，c 世界の平和と安全の維持に効果的に対応できるようにするため，d 常任理事国の数を増やすことが検討されている。第二に，国連の行財政改革の問題である。組織の硬直化を改善するため，e 総会，f 経済社会理事会，事務局などの改編が議論され，国連の予算をまかなう（　2　）の見直しも検討されている。

問1　文章中の（　1　）・（　2　）に入る適語を答えよ。

問2　下線部aについて，20世紀の国際社会の平和を維持するための方策は，どのように変化していったか。次の①〜④のうちから1つ選べ。

① 緊張緩和(きんちょうかんわ)（デタント）から冷戦へ　　② 勢力均衡(きんこう)から集団安全保障へ

③ 多極化から二極化へ　　　　　　　　　　④ 集団安全保障から勢力均衡へ

★問3　下線部bについて，右の資料は，2017年12月の（　1　）理事会における，ある重要な決議案の表決をまとめたものである。この決議案が可決されたか，否決されたかを，そう判断した理由とともに説明せよ。

国名	表決
アメリカ合衆国	反対
イギリス	賛成
イタリア	賛成
ウクライナ	賛成
ウルグアイ	賛成
エジプト	賛成
エチオピア	賛成
カザフスタン	賛成

国名	表決
スウェーデン	賛成
セネガル	賛成
中国	賛成
日本	賛成
フランス	賛成
ボリビア	賛成
ロシア	賛成

問4　下線部cについて，国連で最も強い安全保障機能をはたしてきたのがPKO（国連平和維持活動）である。PKOに含まれない活動を，次の①〜④のうちから1つ選べ。

① 国連軍　　② PKF（平和維持軍）　　③ 停戦監視団(かんし)　　④ 選挙監視団

問5　下線部dについて，現在常任理事国ではないが，常任理事国入りの意向を示している国を，次の①〜④のうちから1つ選べ。

① 中国　　② ニュージーランド　　③ 日本　　④ 南アフリカ共和国

問6　下線部eについて正しく説明したものを，次の①〜④のうちから1つ選べ。

① 54理事国からなる。　　② 投票権は1国1票である。

③ 事務総長を長とする。　　④ 15名の判事からなる。

問7　下線部e，下線部fの機関のうち，次の説明に当てはまる機関名の略称をアルファベットでそれぞれ答えよ。

A　文化・教育の振興に取り組み，世界遺産の登録を行っている。

B　めぐまれない子どもに対し，医療や食料の援助などを行っている。

1	問1 6点	1		2 6点			問2 6点	
	問3 6点		問4 (1) 6点		★(2) 6点(完答)	A		B
	問5 6点		問6 6点					

2	問1 6点	1		2 6点			問2 6点	
	★問3 10点							
	問4 6点		問5 6点		問6 6点			
	問7 6点(完答)	A			B			

年　　組　　番	点数	★ 思考・判断・表現
名前	／100点	／28点

1　次の文章を読んで，設問に答えよ。

　「世界終末時計」が登場したのは1947年のことであり，そのときの残り時間は7分であった。アメリカではトルーマン大統領が共産主義の拡大を目指すソ連を批判し，ソ連を中心とする社会主義諸国と，アメリカを中心とする資本主義諸国の間に（　1　）というa緊張状態が始まった。その後1949年には，ソ連が核実験を成功させたため，残り時間は3分となった。1953年，米ソ両国がb水爆実験に成功したため，核戦争の危機が高まり，残り時間は2分となった。米ソ間の対立は続いていたが，c1950年代なかごろから緊張緩和のきざしが現れ，1960年に残り時間は7分となった。1962年の（　2　）を回避した両国は，翌年イギリスとともに（　3　）を締結した。このことによって残り時間は12分となった。

問1　文章中の（　1　）〜（　3　）に入る適語を答えよ。

★**問2**　下線部aについて，右の図は東西対立の中で分断された国家についてまとめたものである。A〜Cに当てはまる地域名を，次の①〜⑥のうちから1つずつ選べ。

　　①　ベトナム　　　②　中国　　　③　ドイツ
　　④　パキスタン　　⑤　朝鮮　　　⑥　ポーランド

問3　下線部bについて，1954年のアメリカの水爆実験により，日本の漁船（第五福竜丸）が被ばくしたことを機に，1955年から開催されるようになった核廃絶を求める大会を何というか。

問4　下線部cのきっかけとなったできごとを，次の①〜④のうちから1つ選べ。

　　①　東側でワルシャワ条約機構という軍事同盟が結成された。
　　②　ソ連でゴルバチョフによるペレストロイカ（改革）が実施された。
　　③　ウェストファリア条約により三十年戦争が終結した。
　　④　ソ連でフルシチョフによるスターリン批判が行われた。

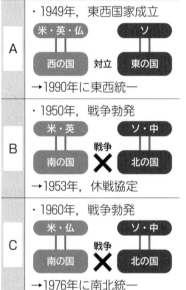

2　次の文章を読んで，設問に答えよ。

　1980年代になると国際情勢の変化により，1989年に米ソ両国が（　1　）を行い，冷戦の終結を宣言した。さらにa1991年にはb戦略兵器削減条約に調印し，「世界終末時計」の残り時間は17分となった。ところが，その後もc旧ユーゴスラビアにおける民族問題や，イスラム教の宗派間の対立などが各地でおこり，1998年にはインドとパキスタンが核保有を宣言したため，残り時間

は９分となった。d2006年に北朝鮮が初めての核実験を実施したことや，地球温暖化の進行などによって，2007年には残り時間が５分となった。2009年にはアメリカの（　２　）大統領が演説で「e核なき世界」をよびかけたことから，翌2010年には残り時間は６分にのびた。

問1　文章中の（　１　）・（　２　）に入る適語を答えよ。

問2　下線部aに起こった紛争を，次の①〜④のうちから１つ選べ。

①　イラク戦争　　②　シリア内戦　　③　ウクライナ危機　　④　湾岸戦争

問3　下線部bの略称を次の①〜④のうちから１つ選べ。

①　ＳＴＡＲＴ　　②　ＣＴＢＴ　　③　ＳＡＬＴ　　④　ＩＮＦ

問4　下線部cについて，次の問いに答えよ。

⑴　1991年にユーゴスラビアから独立した国を，次の①〜④のうちから１つ選べ。

①　スロバキア　　②　スロベニア　　③　キプロス　　④　エストニア

⑵　ユーゴスラビア紛争では，北大西洋条約機構（ＮＡＴＯ）による軍事介入が行われた。ＮＡＴＯが軍事介入した紛争として当てはまらないものを，次の①〜④のうちから１つ選べ。

①　コソボ紛争　　　　②　リビア内戦

③　チェチェン紛争　　④　アフガニスタン攻撃

★問5　下線部dのころ，「テロとの戦い」をとなえていたアメリカは，ユニラテラリズムの方針をとっていた。ユニラテラリズムとはどのような方針か，「国際問題」の語を用いて説明せよ。

問6　下線部eについて，国連での討議を経て採択・署名された軍縮条約として当てはまるものを，次の①〜④のうちから１つ選べ。

①　中距離核戦力全廃条約　　②　包括的核実験禁止条約

③　核兵器拡散防止条約　　　④　戦略兵器削減条約

①	問1	1 6点		2 6点		3 6点	
	★問2	A 6点		B 6点		C 6点	
	問3 6点			問4 6点			
②	問1	1 6点		2 6点		問2 6点	
	問3 6点		問4	⑴ 6点		⑵ 6点	
	★問5 10点						
	問6 6点						

年　　組　　番	点数	★ 思考・判断・表現
名前	／100点	／22点

① 次の文章を読んで，設問に答えよ。

1992年の（　1　）（PKO協力法）の成立により，長期にわたる戦乱と国内混乱が続いていたカンボジアへ初めてa自衛隊が派遣され，停戦監視などの業務に当たった。その後も，ルワンダ難民救援，bゴラン高原停戦監視，東ティモール避難民救援などへその活動範囲を広げた。これらはc国連安全保障理事会の決議に基づくものであった。さらに，2001年9月に起こったアメリカ（　2　）事件を受けて，テロ対策特別措置法が制定され，それに基づいて自衛隊は同年秋からアフガニスタンに展開するアメリカ軍の後方支援を行うようになった。

問1　文章中の（　1　）・（　2　）に入る適語を答えよ。

問2　下線部aについて，次の問いに答えよ。

(1)　日本の周辺地域で起こる，日本の平和と安全に重要な影響を与える事態に対しては，日米両国の協力についてのガイドラインがつくられている。この事態のことを何というか，漢字4字で書け。

★(2)　次の文は，2014年の閣議決定の内容である。A・Bに当てはまる適切な内容を，あとの①〜④のうちから1つずつ選べ。

「（　A　）場合，かつ（　B　）場合，他に国民を守るための適当な手段がないとき」には，自衛のための必要最小限度の実力を行使することができるとして，集団的自衛権を認める解釈がとられた。

①　諸国民の平和的共同生活を妨げ，特に侵略戦争の遂行を準備する

②　我が国と密接な関係にある他国に対する武力攻撃により，日本の存立が脅かされた

③　国民の生命，自由及び幸福追求の権利が根底から覆される明白な危険がある

④　安全保障理事会が侵略国と決定した国に経済制裁や軍事制裁を加える

問3　下線部bには，イスラエルやシリアなどの国境が位置している。第二次世界大戦後，イスラエル建国のために居住地を追われた先住のアラブ人と，ユダヤ人との対立を何問題というか。

問4　下線部cについて，武力攻撃を認める明確な国連安保理の決議がないまま攻撃にふみ切った，2003年の戦争を何というか。

② 次の文章を読んで，設問に答えよ。

2010年以降の「（　　　）の春」とよばれる民主化運動は，a西アジア・北アフリカの独裁的な政治体制を連鎖的に崩壊させた。その過程で一部の過激な反政府勢力が激しい軍事行動を起こし，国際社会から非難を浴びた。しかし，武力紛争における大量殺害などのb人権侵害を強制的に止める仕組みは，国際社会において十分確立しているとはいえず，c難民の受け入れを積極的に進めていくべきだという声も強い。d人権の国際化を今後どのように進めていくべきなのかを考える必要がある。

問1　文章中の（　　　）に入る適語を答えよ。

問2　下線部aにおいて民主化運動が起こった国として当てはまらないものを，次の①～④のうちから1つ選べ。

① リビア　　② チュニジア　　③ イスラエル　　④ エジプト

問3　下線部bに関連して，国際的な紛争を解決するための仕組みについて，次のA～Cに当てはまる機関名を書け。

　国連の裁判機関としては（　A　）があり，国家間の紛争を扱っている。また，集団殺害犯罪や戦争犯罪など，個人による国際犯罪を裁く機関として，（　B　）が設置されている。いずれの機関もオランダの（　C　）に置かれている。

問4　下線部cについて，次の問いに答えよ。

(1)　難民問題の解決に向けて活動している，国連難民高等弁務官事務所のアルファベットの略称を書け。

★(2)　2010年代に入って，ヨーロッパでは「ヨーロッパ難民危機」とよばれる状況が発生している。これはどのような状況か。右の地図中で最も難民数の多い国の名を用いて説明せよ。

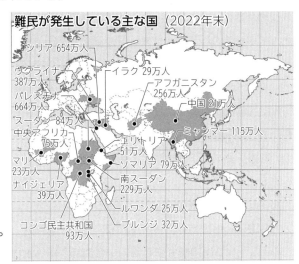

難民が発生している主な国（2022年末）

シリア 654万人
ウクライナ 387万人
パレスチナ 664万人
イラク 29万人
アフガニスタン 256万人
中国 21万人
スーダン 84万人
中央アフリカ 75万人
エリトリア 51万人
ミャンマー 115万人
マリ 23万人
ナイジェリア 39万人
ソマリア 79万人
南スーダン 229万人
ルワンダ 25万人
ブルンジ 32万人
コンゴ民主共和国 93万人

問5　下線部dについて，次の説明に当てはまる人権条約名をそれぞれ書け。

A　すべての障がい者が，人権や基本的自由を享有するための措置の実現を求める。

B　18歳未満のすべての子どもを権利の主体として認め，地球的規模でその権利の実現を求める。

①	問1	1 6点				2 6点				
	問2	(1) 6点					★(2) 6点	A		B 6点
	問3 6点			問4 6点						
②	問1 6点			問2 6点						
	問3	A 6点			B 6点			C 6点		
	問4	(1) 6点								
		★(2) 10点								
	問5	A 6点			B 6点					

1 貿易と国際分業

ポイント整理 教科書をみて当てはまることばを書いてみよう…………

／14問

A 貿易の意義と役割

(1) 貿易において，自国の財やサービスを売ることを①＿＿，外国から財やサービスを買うことを②＿＿という。

B 自由貿易と保護貿易

(1) 各国が有利な条件で生産できる得意な財やサービスの生産に③＿＿し，ほかのものは他国から輸入したほうが互いに利益になるという考え方を，④＿＿＿＿の利益という。

(2) イギリスの経済学者リカードがとなえた⑤＿＿＿＿＿＿は，自由貿易を推進する理論的根拠となった。

(3) ドイツの経済学者⑥＿＿＿は，後発国の産業育成のために，輸入品への関税や輸入数量制限などの保護貿易を主張した。

C 国際分業

(1) 国際分業には，工業製品と農産物や原材料などの1次産品を交換する⑦＿＿＿＿＿と，各国が種類の違う工業製品を交換しあう⑧＿＿＿＿＿がある。

(2) 多国籍企業の海外展開が世界的に加速するなか，多国籍企業による⑨＿＿＿の国際分業も進み，多国籍企業の本社と海外子会社間の⑩＿＿＿貿易取引も世界貿易に大きな割合を占めている。

(3) 日本は戦後，原材料を輸入し，国内の工場で加工して，工業製品として海外へ輸出する⑪＿＿＿＿を特徴としていた。

(4) 日本では1990年代以降，工場の海外移転や商品調達先の海外企業への切りかえをするなどの⑫＿＿＿＿が増大したため，「産業の空洞化」とよばれる事態が生じている。

| ① |
| ② |
| ③ |
| ④ |
| ⑤ |
| ⑥ |
| ⑦ |
| ⑧ |
| ⑨ |
| ⑩ |
| ⑪ |
| ⑫ |
| ⑬ |
| ⑭ |

貿易の特質

次の空欄に当てはまることばを書きなさい。

```
( ⑬ ) ←――――→ ( ⑭ )
```

(⑬)	(⑭)
国が関税や規制などの一切の制限をしない	国が関税を設定したり規制（輸入制限など）を設けたりする
■輸入による安い財やサービスの購入 ■国際的競争力のある産業の育成	■輸入制限により国内の財やサービスを主に消費 ■国際的競争力のない産業の保護

2 外国為替のしくみと国際収支

教科書p.184〜185

ポイント整理 教科書をみて当てはまることばを書いてみよう…………

／13問

A 外国為替のしくみ

(1) 地理的に離れた場所との間で、金融機関を仲立ちとして手形や①＿＿＿、銀行振込など現金以外で決済する方法を②＿＿という。

B 外国為替市場

(1) 異なる通貨と通貨を交換する市場が③＿＿＿＿＿＿である。

(2) 為替レートの決め方には、交換比率を一定の水準に固定する④＿＿＿＿＿と、③での需要と供給によって決まる⑤＿＿＿＿＿の２とおりがある。

(3) 為替レートの安定のために政府と中央銀行が③に介入することを、⑥＿＿＿＿、または公的介入という。

C 国際収支

(1) 商品の輸出入や資本の流出入など、一定期間（主に１年間）に、外国と取り引きした資金の受け取り・支払いの収支を記録したものを⑦＿＿＿＿という。

(2) ⑦のうち、経常収支は財やサービスの取り引きを示す⑧＿＿＿＿＿＿＿＿＿＿＿、海外の雇用者の報酬や、利子や配当などの投資収益を示す⑨＿＿＿＿＿＿＿、国際機関への拠出金などの第二次所得収支からなる。

(3) ⑦のうち、金融収支は、海外の工場建設や企業買収などの⑩＿＿＿＿、外国の株式や債券を購入する証券投資、金融派生商品の取り引き、中央銀行などの政府通貨当局が保有する、外国通貨や金などの⑪＿＿＿＿などに分類される。

① ＿＿＿＿＿＿
② ＿＿＿＿＿＿
③ ＿＿＿＿＿＿
④ ＿＿＿＿＿＿
⑤ ＿＿＿＿＿＿
⑥ ＿＿＿＿＿＿
⑦ ＿＿＿＿＿＿
⑧ ＿＿＿＿＿＿
⑨ ＿＿＿＿＿＿
⑩ ＿＿＿＿＿＿
⑪ ＿＿＿＿＿＿
⑫ ＿＿＿＿＿＿
⑬ ＿＿＿＿＿＿

国際収支の体系

次の空欄に当てはまることばを書きなさい。

項目			内　容	例
（⑫）	（⑧）	貿易収支	財の輸出入	輸出額－輸入額
		サービス収支	サービスの取り引き	旅行・輸送・通信など
	（⑨）		生産過程に関連した所得の収支	雇用者報酬、投資収益(配当金・利子)など
	第二次所得収支		海外との対価をともなわない資金の収支	食料など無償資金援助、国際機関拠出金、送金など
資本移転等収支			資本の移転、金融・生産に関係のない資産の収支	資本形成のための無償資金援助、商標権の取り引きなど
（　⑬　）			投資や借入による、資産と負債の収支	(⑩)、証券投資、金融派生商品の取り引き、(⑪) など
誤差脱漏			統計上の不整合の処理	

経済ゼミナール　円高・円安って何？
経済ゼミナール　国際収支の見方

ポイント整理 教科書をみて当てはまることばを書いてみよう…………

／11問

円高・円安って何？

(1) 為替レートは①__ドルを基準に表示する。

(2) 通貨の価値（相場）もほかの商品と同じように，②_ _と供給
で変動する。

(3) 1ドル＝150円から1ドル＝100円になる円高の場合，③_ _品
の価格が下がることになる。

(4) 円高は④_ _品の価格が上昇することになり，製造業を中心に
企業の収益を減らすことになる。

(5) 円高が進むと，海外移転をする企業も増え，国内産業の⑤_ _
_が進む。

国際収支の見方

(1) ⑥_ _ _ _は，その国と外国との経済取引を記録したもので，
その国の「家計簿」のようなものである。

(2) ⑦_ _ _ _は長らく黒字だったが，2011年には東日本大震災や
円高の影響による輸出の減少や，エネルギー資源の輸入増加で赤字
に転じた。

(3) 金融収支において，⑧_ _ _ _ _ _ _が赤字なのは，日本が
対外的な援助を行っていることを示している。

(4) アメリカは，国内消費がさかんで，世界中から多くの財を輸入し
ているので，貿易収支は大幅な赤字であり，海外から投資が集まる
ので⑨_ _ _ _も赤字である。

①
②
③
④
⑤
⑥
⑦
⑧
⑨
⑩
⑪

円高・円安のメリット・デメリット

次の空欄に当てはまることばを書きなさい。

	メリット	デメリット
（ ⑩ ）	・輸入品の価格低下 　→物価安定	・輸出品の価格上昇 　→輸出関連企業に打撃 ・国内産業の空洞化
（ ⑪ ）	・輸出品の価格の低下 　→輸出関連企業は好調 ・生産拠点の国内回帰	・輸入品の価格上昇 　→原材料費の上昇，物 　価上昇

3 戦後国際経済の枠組みと変化

ポイント整理 教科書をみて当てはまることばを書いてみよう…………

／13問

A ブレトンウッズ体制の確立

(1) 世界恐慌後，各国は保護主義を強め，資本主義列強による①__ __ __ __ __ __ __が進んだ。

(2) ①の結果，植民地をめぐる争いが生じるなど，第二次世界大戦へと向かった反省から，1944年に自由貿易を基本とした国際経済秩序の形成をめざした②__ __ __ __ __ __ __ __ __が締結された。

(3) 国際通貨安定のために，③__ __ __（国際通貨基金）は固定相場制を導入し，経常収支の赤字国に対して一時的な短期的資金を供給した。

(4) 1947年には④__ __ __ __（自由貿易を推進する関税と貿易に関する一般協定）が締結され，自由，無差別，多角主義の3原則のもと，⑤__ __ __ __ __ __ __（ラウンド）を開催した。

B 国際通貨の安定と自由貿易の促進をめざして

(1) 1960年代に大量の金が流出し，ドルに対する信頼が揺らぐ⑥__ __ __ __が起こると，IMFは⑦__ __ __ __ __（SDR）を創設して対応した。

(2) 1971年には，アメリカが⑧__・ドル交換を停止した。これはニクソン・ショックとよばれた。

(3) 1971年には，金1オンス＝38ドルへ切り下げたスミソニアン協定を締結したが，1973年には主要国通貨は⑨__ __ __ __ __へと移行した。

(4) GATTは，1995年に，国際機関として⑩__ __ __ __ __ __（WTO）に移行することで発展的に解消し，国家間の貿易紛争処理に関してより強い権限をもつようになった。

GATTの3原則

次の空欄に当てはまることばを語群から選びなさい。

・（ ⑪ ）…関税引き下げ

・（ ⑫ ）…特定国に対する有利な貿易条件はすべての加盟国に対して等しく適用されなければならない「最恵国待遇」

・（ ⑬ ）…多国間交渉を行うこと

語群	資本主義 多角主義 保護主義 制限
	自由 無差別 公的介入 ブロック経済

①

②

③

④

⑤

⑥

⑦

⑧

⑨

⑩

⑪

⑫

⑬

4 グローバル化する経済

ポイント整理 教科書をみて当てはまることばを書いてみよう…………

／13問

A 経済のグローバル化

(1) 1990年代以降，旧社会主義諸国の市場経済化や情報通信技術の飛躍的発展により，世界的規模でのヒト・モノ・カネ・情報の移動が活発になる①＿ ＿ ＿ ＿ ＿ ＿が進んだ。

(2) 国際経済に市場原理が浸透していくなかで，多国籍企業の活動も広範囲にわたり，その結果として②＿ ＿ ＿ ＿が進んだ。

(3) ②が進むなかでは，規格の統一化や③＿ ＿の経済性の理由から，④＿ ＿ ＿ ＿ ＿ ＿ ＿ ＿ ＿ ＿ ＿ ＿が世界中で支配的になった。

(4) 資本移動が活発に行われ，⑤＿ ＿ ＿ ＿ ＿など新たな新興市場国を生みだすことになった。

(5) ＷＴＯでの自由貿易交渉は，加盟国の多様な利害関係から次第に困難になり，⑥＿ ＿ ＿（経済連携協定）などの自主的な自由貿易の取り組みを進める動きがでてきた。

B 自由貿易の促進と国際通貨の安定をめざして

(1) 多国籍企業がより安価な労働力を求めて海外に生産・販売拠点を求めたり，海外企業に生産やサービスを委託したりした結果，産業の⑦＿ ＿ ＿が生じた。

(2) 税率が著しく低い国や地域である⑧＿ ＿ ＿ ＿ ＿ ＿ ＿ ＿ ＿を通じて，徴税から逃れる多国籍企業もある。

(3) 投機性の高い信託投資である⑨＿ ＿ ＿ ＿ ＿ ＿ ＿が，資金を新興市場国から引きあげたことで，1997年には⑩＿ ＿ ＿通貨危機が引き起こされた。

(4) 2008年にはアメリカの⑪＿ ＿ ＿ ＿ ＿ ＿ ＿ ＿ ＿を担保とした証券化の破綻が，世界的な金融危機をもたらした。

①
②
③
④
⑤
⑥
⑦
⑧
⑨
⑩
⑪
⑫
⑬

貿易をめぐる協定

次の空欄に当てはまることばを書きなさい。

1　貿易と国際分業 ·························· 教科書p.182〜183

□❶国と国との間で行われる財やサービスの売買。

□❷各国が有利な条件で生産できる得意な財やサービスの生産に特化し，ほかのものは他国から輸入したほうが互いに利益になるという考え方。

□❸自由貿易を推進する理論的根拠となった比較生産費説をとなえたイギリスの経済学者。

□❹ドイツの経済学者リストが主張した，後発国の産業育成のために，輸入品への関税や輸入数量制限を設ける貿易。

□❺国が関税や規制などの一切の制限をしない貿易。

□❻工業製品と農産物や原材料などの1次産品を交換する垂直的分業の関係にある国の間の貿易。

□❼各国が種類の違う工業製品を交換しあう水平的分業の関係にある国の間の貿易。

□❽経済のグローバル化の進展で，広大な市場と安い労働力を求めて海外展開を進めた企業。

□❾世界貿易に大きな割合を占めるようになった，❽の本社と海外子会社間の取引。

□❿日本が戦後，特徴としていた，原材料を輸入し，国内の工場で加工して工業製品として海外へ輸出する貿易。

□⓫日本企業が海外の拠点で生産した製品を，日本企業が輸入すること。

1	（　　　　／11問）
❶	
❷	
❸	
❹	
❺	
❻	
❼	
❽	
❾	
❿	
⓫	

2　外国為替のしくみと国際収支 ·············· 教科書p.184〜185

□❶金融機関を仲立ちとする遠隔地間の取り引きで，手形や小切手，銀行振込など現金以外で決済する方法。

□❷銀行間を結んだコンピューターや電話による通信ネットワークで構成されている，通貨と通貨を交換する市場。

□❸為替レート（為替相場）が，❷での需要と供給によって決まるしくみ。

□❹一定期間（主に1年間）に，外国と取り引きした資金の受け取り・支払いの収支を記録したもの。

□❺経常収支のうち，財やサービスの取り引きを示す収支。

□❻金融収支のうち，外国の株式や債券を購入すること。

□❼金融収支のうち，金融派生商品の取り引き，中央銀行などの政府通貨当局が保有する，外国通貨や金など。

2	（　　　　／8問）
❶	
❷	
❸	
❹	
❺	
❻	
❼	

□❽資本形成のための無償資金援助，商標権の取り引きなど，資本の移転，金融・生産に関係のない資産の収支。

❽

経済ゼミ　円高・円安って何？………………………教科書p.186

経済ゼミ（　　　／2問）

□❶円の需要が高まり（円買いが進み），1ドルの価値が100円から50円に下がるような状態。

❶

□❷円の需要が減少し（円売りが進み），1ドルの価値が50円から100円に上がるような状態。

❷

経済ゼミ　国際収支の見方………………………教科書p.187

経済ゼミ（　　　／4問）

□❶1960年代の高度経済成長以降長い間続いていた，日本の輸出額が輸入額を上回る状態。

❶

□❷国際収支に含まれる経常収支のうち，海外の雇用者の報酬や，利子や配当などの投資利益を示し，企業の海外進出や外国への投資の増加で急速に黒字が拡大しているもの。

❷

□❸1990年代後半以降の日本の国際収支を見ると，（　　）がおおむね黒字で続いてきたのは，海外への投資が上回っているためであり，日本が債権国であることを示している。（　　）に当てはまる語句を答えよ。

❸

□❹世界の貿易において，中国は大幅な黒字となっている。これによって中国とアメリカ合衆国などとの間に起きている貿易の不均衡による問題を何というか。

❹

3　戦後国際経済の枠組みと変化………………教科書p.188～189

3　（　　　／10問）

□❶1944年，自由貿易を基本とした国際経済秩序の形成をめざして結ばれた協定。

❶

□❷国際通貨安定のために，IMF（国際通貨基金）が導入した為替相場の制度。

❷

□❸1947年に締結された，自由貿易を推進する関税と貿易に関する一般協定の略称。

❸

□❹❸が自由，無差別，多角主義の3原則のもと開催した，加盟国間の関税引き下げなどについて協議する場。多角的貿易交渉ともいう。

❹

□❺1960年代にドルに対する信頼が揺らぎ，大量の金が流出して高まった，ドルの価値低下への不安。

❺

□❻IMFが創設した，国際流動性の不足を補うために，ほかの参加国から必要な通貨を引きだすことができる権利。特別引出権の略称。

❻

□❼1971年に，アメリカが金とドルの交換を停止したできごと。

❼

□❽1971年に，❷を維持するために，金１オンス＝38ドルへ切り下げた協定。

□❾1976年に主要国通貨を変動相場制へと移行することを合意した体制。

□❿1995年に❸が発展的に解消し設立された，国家間の貿易紛争処理に関してより強い権限をもつ国際機関。世界貿易機関の略称。

4　グローバル化する経済 ･･････････････････ 教科書p.190〜191

4　（　　　　　／10問）

□❶グローバル化を推進する主体となった，２か国以上に生産設備や営業施設を所有する企業のこと。

□❷生産規模を拡大したときに，生産規模以上に産出量が増大すること。

□❸キャッシュカードやクレジットカードのサイズ，コンピュータ・キーボードの配列など，近年統一化されるようになった規格。

□❹自主的な自由貿易の取り組みを進める動きのことで，自由貿易協定の英語の略称。

□❺輸出産業の海外現地生産化にともない，国内産業に空洞が生じること。

□❻❶が徴税から逃れるために利用している，租税の税率が著しく低い国・地域。租税回避地ともよばれる。

□❼少数の投資家から大口の資金を集めて，さまざまな金融商品を運用する投機性の強い信託投資。

□❽将来価格と現在価格の差から，利益を得ようとする投資行為に用いられる資金のこと。

□❾1997年，❼が新興市場国から投機的資金を引きあげたことでもたらされた，通貨暴落と経済危機。

□❿2008年に破綻して世界的な金融危機をもたらした，アメリカの信用格付けの低い人向けのローン。

特集　ポスト資本主義社会 ･･････････････････ 教科書p.192〜193

特集　（　　　　　／4問）

□❶資本家が，労働者を雇用して利益を追求していく資本の自己増殖運動であり，自由競争による経済発展をはかる経済体制。

□❷お金を貸す人たちが，貸した相手から徴収する金額。

□❸1215年にイタリアで開かれ，当時の権力者であるローマ教会が❷を容認した会議。

□❹1930年の論文で，「重大な戦争と顕著な人口の増大がないものと仮定すれば，経済問題は，100年以内には解決されるか，あるいは少なくとも解決のめどがつくであろう」と予言した経済学者。

❽

❾

❿

❶

❷

❸

❹

❺

❻

❼

❽

❾

❿

❶

❷

❸

❹

年　　組　　番	点数	★ 思考・判断・表現
名前	／100点	／16点

① 次の文章を読んで，設問に答えよ。

　1973年の a 変動相場制への移行以来，（　1　）の傾向が続き，特に1985年のプラザ合意以後の急激な為替相場の変動は，b 日本経済に大きな影響を与えた。その過程で日本企業の c 国際競争力，d 日本の貿易構造も変化してきた。それまでは，（　2　）（自由貿易を推進する関税と貿易に関する一般協定）の下での e 多角的貿易交渉にもとづく貿易自由化を進めてきたが，1990年代に入り世界的に地域経済統合が急速に進んだことを背景に，日本も F T A や f E P A を通じた貿易の拡大と経済の活性化をはかった。

問1　文章中の（　1　）・（　2　）に入る適語を答えよ。

問2　下線部 a について合意した1976年の会議を何というか，次の①〜④のうちから1つ選べ。

　①　パグウォッシュ会議　　　②　国連貿易開発会議

　③　キングストン会議　　　　④　バンドン会議

問3　下線部 b について，輸出が伸び悩んだ日本企業が海外に生産拠点を移すようになり，国内の産業が衰えたことを何というか。

★問4　下線部 c について，右の表は，リカードの比較生産費説を説明したものである。A国では360単位の労働量が存在し，B国では220単位の労働量が存在してい

	シャツ1単位の生産に必要な労働量	テレビ1単位の生産に必要な労働量
A国	160	200
B国	120	100

る。そして，各国とも貿易前は，シャツとテレビを各1単位ずつ生産している。A・B両国でシャツとテレビの生産量を増やすために必要な貿易を，次の①〜④のうちから1つ選べ。

　①　A国はシャツ・テレビともに輸入し，B国はシャツ・テレビともに輸出する。

　②　A国はシャツ・テレビともに輸出し，B国はシャツ・テレビともに輸入する。

　③　A国はテレビの生産に特化し，B国はシャツの生産に特化して貿易する。

　④　A国はシャツの生産に特化し，B国はテレビの生産に特化して貿易する。

問5　下線部 d について，国際収支は経常収支，資本移転等収支，金融収支に大別される。次の収支に当てはまるものを，あとの①〜③のうちから1つずつ選べ。

　A　投資や借り入れによる資産と負債の収支。

　B　貿易やサービスの取り引き，配当などの投資収益，国際機関への拠出など。

　C　生産や金融に関係ない無償資金援助などの資本の移転。

　　①　経常収支　　　②　資本移転等収支　　　③　金融収支

問6　下線部 e について，GATTの3原則のうち，多角主義以外の2つを次の①〜④のうちから1つ選べ。

　　①　自由，無差別　　　②　契約自由，所有権絶対　　　③　公平，中立　　　④　簡素，無差別

問7　下線部 f の日本語の名称を答えよ。

② 次の文章を読んで，設問に答えよ。

アメリカの（　１　）問題をきっかけとする世界金融危機（リーマン・ショック）は，グローバル化に伴う a 複雑な相互依存の深まりが引き起こす問題の深刻さを示した。b 1990年代後半に発生した（　２　）通貨危機も，グローバル化を一因とする危機の一つである。タイや韓国，インドネシアは，c IMF（国際通貨基金）などの国際機関から金融支援を受けたが，経済の立ち直りには相当の時間を要した。経済のグローバル化の弊害を和らげるためには，d 各国政府やe 国際機関が一層協力することが必要である。

問1　文章中の（　１　）・（　２　）に入る適語を答えよ。

問2　下線部 a に関連して，多国籍企業の本社と海外子会社の間の取り引きを（　A　）貿易取引という。多国籍企業の途上国への進出は，先進国と途上国の間の（　B　）化を進めた。A・Bに当てはまる語句の正しい組み合わせを，次の①〜④のうちから１つ選べ。

①　A　加工　B　水平貿易　　②　A　企業内　B　水平貿易
③　A　加工　B　垂直貿易　　④　A　企業内　B　垂直貿易

★問3　下線部 b について，このとき起こった通貨暴落の要因を，「ヘッジファンド」「投機的資金」の語を用いて説明せよ。

問4　下線部 c の機関は，自由貿易を基本とした国際経済秩序の形成をめざした協定（1944年締結）をもとに設立された。この協定を何というか。

問5　下線部 d について，為替レートの変動が急激であると，その国の企業や経済政策に大きな影響を及ぼすので，その安定のために政府と中央銀行が外国為替市場に介入することがある。このことを何というか。

問6　下線部 e について，国際通貨の安定は IMF，自由貿易は GATT が担ってきた。戦後復興のための国際金融を担当してきた，IMF とともに設立された機関を何というか。

①	問1	1 6点		2 6点		問2 6点	
	問3 6点		★問4 6点				
	問5	A 4点	B 4点	C 4点	問6 6点		
	問7 6点						
②	問1	1 6点		2 6点		問2 6点	
	★問3 10点						
	問4 6点		問5 6点				
	問6 6点						

1 地域統合の進展

教科書p.194〜195

ポイント整理 教科書をみて当てはまることばを書いてみよう…………

／12問

A 経済統合の広がり

(1) ＷＴＯは多国間交渉を行うこと，つまり①＿＿＿＿を原則としているが，加盟国間で意見が対立し，交渉はまとまりづらい。

(2) 地域経済統合は，②＿＿＿（自由貿易協定），関税同盟，共同市場，経済同盟，完全な経済統合という順に統合の程度が強い。

B ヨーロッパの地域経済統合

(1) ＥＣＳＣ（欧州石炭鉄鋼共同体），ＥＥＣ（欧州経済共同体），ＥＵＲＡＴＯＭ（欧州原子力共同体）が統合して1967年に③＿＿（欧州共同体）が成立した。

(2) ③は，政治・外交面でのより強い結束をめざす④＿＿＿＿＿＿＿条約（欧州連合条約）を結び，1993年に⑤＿＿（欧州連合）へ発展した。

(3) ⑤は欧州中央銀行（ＥＣＢ）主導のもと，2002年に⑥＿＿＿のみの単一通貨圏となった。

C アメリカ・アジアの地域経済統合

(1) 北アメリカでは，ＮＡＦＴＡ（北米自由貿易協定）にかわって⑦＿＿＿＿＿＿（米国・メキシコ・カナダ協定）が2020年に発効した。

(2) 南アメリカでは，1995年に⑧＿＿＿＿＿＿＿＿＿（南米南部共同市場）が関税同盟として設立された。

(3) アジアでは，⑨＿＿＿＿＿（東南アジア諸国連合）が1967年に設立され，経済・政治・安全保障などにおいて地域協力が進められた。

(4) シンガポール，チリ，ブルネイ，ニュージーランドの4か国で発足した⑩＿＿＿（環太平洋パートナーシップ）は，2010年から拡大交渉会合が行われ，2016年に12か国が署名した。

①
②
③
④
⑤
⑥
⑦
⑧
⑨
⑩
⑪
⑫

世界の主な地域経済統合

次の空欄に当てはまることばを書きなさい。

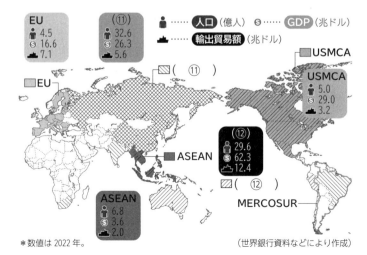

人口（億人） ⑤……GDP（兆ドル）
……輸出貿易額（兆ドル）

EU
人 4.5
⑤ 16.6
7.1

（⑪）
人 32.6
⑤ 26.3
5.6

USMCA
人 5.0
⑤ 29.0
3.2

（⑫）
人 29.6
⑤ 62.3
12.4

ASEAN
人 6.8
⑤ 3.6
2.0

EU
USMCA
ASEAN
MERCOSUR
（ ⑪ ）
（ ⑫ ）

＊数値は2022年。
（世界銀行資料などにより作成）

2　南北問題

ポイント整理　教科書をみて当てはまることばを書いてみよう…………

/11問

A　南北問題

(1)　地球の北側に多い先進国と，南側に多い発展途上国との経済格差や，それにともなう諸問題を①＿＿＿＿という。

(2)　多くの発展途上国は，かつて先進国の植民地とされ，単一の農産物や鉱物資源の生産・産出に依存する②＿＿＿＿＿＿＿＿＿を強いられたことがある。

B　格差の是正に向けて

(1)　1964年には③＿＿＿＿＿＿（国連貿易開発会議）が開催・設立され，発展途上国への一般特恵関税の導入や，1次産品の価格安定をめざす取り組みなどが行われた。

(2)　1966年には発展途上国に対する援助計画を調整・統一する機関として，④＿＿＿＿（国連開発計画）が設立された。

(3)　1974年に開催された国連資源特別総会で，⑤＿＿＿＿（新国際経済秩序）樹立宣言が採択された。

C　累積債務問題

(1)　発展途上国のなかには，工業化のために先進国から借り入れた資金の返済が困難になり，債務が累積する国々が見られるようになった。この問題を⑥＿＿＿＿＿＿という。

D　南南問題と貧困の克服

(1)　発展途上国のなかでも，資源をもつ⑦＿＿＿＿（石油輸出国機構）や，輸出志向型の工業化を進めた⑧＿＿＿＿（新興工業経済地域）などの国々は経済成長をとげ，貧困からの脱出に成功した。

(2)　「南」の発展途上国の間での経済格差や，それにともなう問題を⑨＿＿＿＿という。

①
②
③
④
⑤
⑥
⑦
⑧
⑨
⑩
⑪

南北問題

次の空欄に当てはまることばを語群から選びなさい。

・資源保有国が，自国に存在する資源を，自国で管理・開発しようという考え方や動きを（　⑩　）という。

・発展途上国の生産者や労働者の経済的な自立をめざし，発展途上国の生産物を適正な価格で購入することを（　⑪　）という。

語群

マイクロクレジット　　資源ナショナリズム　　フェアトレード
ブロック経済　　リスケジューリング　　リージョナリズム

3　新興市場国

ポイント整理　教科書をみて当てはまることばを書いてみよう…………

/11問

A　新興市場国の台頭

(1)　発展途上国のなかで1960年代から80年代に，急速に工業化が進んだ国や地域を①＿＿＿＿（新興工業経済地域）とよぶ。

(2)　①のなかでも韓国，台湾，香港（ホンコン），シンガポールは東アジア①とよばれ，輸入代替工業化政策から②＿＿＿＿工業化政策に転換して急成長をとげた。

B　BRICSの経済成長

(1)　ブラジルは，大豆や鉄鉱石，原油といった③＿＿＿＿＿の価格が高騰（こうとう）するなか経済が成長し，航空機や自動車などの工業が発達した。

(2)　インドは，情報通信技術（ICT）産業が発展し，ソフトウェア開発や事務作業などの④＿＿＿＿＿＿＿＿＿（外部委託（いたく））により，高い経済成長をとげている。

C　中国経済の動向

(1)　中国では，1970年代末に⑤＿＿＿＿＿＿が打ちだされた。沿海部には外国資本導入の拠点として⑥＿＿＿＿が設置された。

(2)　1990年代には，中国は社会主義体制をとりながらも市場経済を導入する⑦＿＿＿＿＿＿＿＿を経済政策の基本方針とした。

(3)　中国は2001年には⑧＿＿＿（世界貿易機関）に加盟し，自由貿易体制のなかで各国との貿易も活発に行うようになった。

D　国際社会における新興市場国

(1)　主要国首脳会議（サミット）は，かつては先進国を中心とする8か国とEUによって開催されるG8が中心であったが，2008年からは新興市場国なども加わった⑨＿＿＿も行われるようになった。

①
②
③
④
⑤
⑥
⑦
⑧
⑨
⑩
⑪

G20の構成国・地域

次の空欄に当てはまることばを書きなさい。

G20
(⑩)
G7
日本　アメリカ
イギリス　ドイツ
フランス　カナダ
イタリア

ロシア

(⑪)
ブラジル
インド
中国
南アフリカ

韓国　インドネシア　オーストラリア
メキシコ　アルゼンチン　トルコ
サウジアラビア　EU(欧州連合)

4 地球規模の諸課題

ポイント整理 教科書をみて当てはまることばを書いてみよう…………

　　　　　／11問

A 地球的問題

(1) 地球環境問題，飢餓や貧困，人口問題，食料問題，水不足の問題などの国境をこえて発生する①＿＿＿＿＿に対しては，世界的な協力体制をしいて取り組まなくてはならない。

B 21世紀の人口問題

(1) 20世紀の後半に，世界は発展途上国の高い出生率などを背景に，人類史上まれに見る「②＿＿＿＿」とよばれる時代をむかえた。

(2) 発展途上国では，乳幼児死亡率が低下して「③＿＿＿＿」から「多産少死」へと人口構成が変化した。

(3) 世界各国は，1994年の国際人口開発会議において示された④＿＿＿＿＿＿＿＿＿＿＿＿＿＿＿＿＿＿＿（性と生殖の健康／権利）という考え方を指導指針として取り組んできている。

(4) 21世紀の世界では，医療技術の発達や社会的基盤の整備によって死亡率が減少し，結果的に平均寿命が伸びて⑤＿＿＿が進んでいる。

C 食料問題

(1) 国際連合の専門機関である，国連食糧農業機関（⑥＿＿＿）と国連世界食糧計画（⑦＿＿＿）が飢餓と貧困の撲滅に向けた支援を行っている。

D 地球社会の政治

(1) 2015年の国連サミットでは，2030年までに達成する目標として「⑧＿＿＿＿＿＿＿＿＿＿（ＳＤＧｓ）」を採択した。

①
②
③
④
⑤
⑥
⑦
⑧
⑨
⑩
⑪

食料問題

次の空欄に当てはまる数字やことばを語群から選びなさい。

・世界全体の年間穀物生産量は，世界中の人が生きていくのに必要な量の約（　⑨　）倍に相当する。

・世界の穀物の約（　⑩　）割は家畜の飼料などに消費されている。

・近年は，トウモロコシなどが先進国において（　⑪　）エネルギーの原材料としても用いられ，価格高騰の一因となっている。

語群　| 2 | 4 | 6 | 8 | 1次 | 2次 | バイオマス |

5 地球環境問題

ポイント整理 教科書をみて当てはまることばを書いてみよう…………

/13問

A 地球環境問題

(1) 地球温暖化，オゾン層の破壊，森林の減少，砂漠化，生物多様性の減少などの地球的問題を，①＿＿＿＿＿＿という。

(2) ①の本質は，「豊かで便利な生活」を追求するか，「豊かな自然」を取るかの②＿＿＿＿＿＿である。

(3) 開発と環境保全のバランスを取った③＿＿＿＿＿をどのように模索していくか，私たち一人ひとりの未来にかかわる課題である。

B 地球温暖化

(1) 18世紀の産業革命以降，化石燃料の大量消費によって大気中に多くの二酸化炭素が排出され，④＿＿＿＿＿＿の濃度が上昇した。

(2) 地球温暖化は大気環境全体に影響し，大雨や干ばつ，寒波や熱波といった⑤＿＿＿の原因になると考えられている。

C 国際的な取り組み

(1) 1972年，国連人間環境会議が開かれ，地球環境問題に対処するために⑥＿＿＿（国連環境計画）が設立された。

(2) 1992年の⑦＿＿＿＿＿＿＿＿（地球サミット）では，「持続可能な開発」の実現に向けて，アジェンダ21，気候変動枠組み条約，生物多様性条約などが採択された。

(3) 1997年に⑧＿＿＿＿＿＿＿＿＿＿＿が開かれ，④排出量の削減目標などを決めた京都議定書が採択された。

(4) 2015年，京都議定書にかわる対策として⑨＿＿＿＿が採択された。

①
②
③
④
⑤
⑥
⑦
⑧
⑨
⑩
⑪
⑫
⑬

さまざまな地球環境問題

次の空欄に当てはまることばを書きなさい。

（ ⑩ ）の破壊	エアコンや冷蔵庫に使われていたフロンガスなどにより破壊される。
（ ⑪ ）	工場の排煙などに含まれる汚染物質が大気中で変化し，酸性度の高い雨となって降る。
（ ⑫ ）	乾燥地において地質が劣化し，植物が育たない土地になる。
（ ⑬ ）の減少	大規模開発，環境汚染，野生生物の過剰利用などにより，多くの動植物が絶滅の危機にある。

6 日本の役割

ポイント整理 教科書をみて当てはまることばを書いてみよう…………

/14問

A 憲法と国際協調

(1) 日本は憲法第9条の①＿＿＿＿とともに，自国の利益だけを追求するのではなく，諸外国との平和的共存をめざす②＿＿＿＿＿＿をかかげている。

B 戦後外交とODA

(1) 戦後日本は，1951年に③＿＿＿＿＿＿＿＿＿＿＿＿＿に署名し独立を回復すると同時に，④＿＿＿＿＿＿＿＿を締結してアメリカ軍の駐留を認めた。

(2) 日本の⑤＿＿＿（政府開発援助）は，1950年代に東南アジア諸国との間で平和条約とともに賠償・経済協力協定を締結したのが最初である。

(3) 日本の_⑤_は，高度経済成長期に援助額が増え，1989年から約10年間，総額世界第⑥＿位を維持した。

(4) 日本の_⑤_の対象地域はアジアが中心となっているが，⑦＿＿＿＿地域での援助も増加傾向にある。

C これからの日本の開発協力

(1) 1990年代後半から厳しい財政状況により，_⑤_は「量から質へ」の変換がはかられ，民間企業や⑧＿＿＿（非政府組織）などとの連携が強化されるようになった。

(2) _⑤_の実施機関である⑨＿＿＿＿（国際協力機構）とNGOや地方公共団体などが協力して実施する共同事業として，草の根技術協力事業がある。これは_⑨_が派遣する⑩＿＿＿＿＿＿＿とともに「人を介した」協力である。

(3) 日本政府が主導する⑪＿＿＿＿＿（アフリカ開発会議）は，アフリカ支援の先駆的存在として期待されている。

日本のODAの基本的な理念

次の空欄に当てはまることばを語群から選びなさい。

・「（ ⑫ ）」としての日本にふさわしい協力をすること。

・「（ ⑬ ）」という観点から推進すること。

・一方的に援助する関係から，発展途上国と対等なパートナーとして，発展途上国の自助努力や自主性＝（ ⑭ ）を援助すること。

語群 持続可能な開発　人間の安全保障　国家の安全保障　平和国家　権利としての社会保障　オーナーシップ　トレードオフ　新興市場国

| ① |
| ② |
| ③ |
| ④ |
| ⑤ |
| ⑥ |
| ⑦ |
| ⑧ |
| ⑨ |
| ⑩ |
| ⑪ |
| ⑫ |
| ⑬ |
| ⑭ |

用語チェック 第2編 第7章 国際社会の現状と課題

1 地域統合の進展 教科書p.194〜195

1 (／5問)

□❶地域的に近い国々が経済的関係を深め，全体の利益を実現しようという考え方。地域主義ともいう。

❶

□❷地域経済統合のうち，ＦＴＡ（自由貿易協定）の次に統合の程度が弱いとされるもの。

❷

□❸東欧の旧社会主義国などの加盟で拡大したＥＵが，政治制度の簡素化や意思決定の迅速化をめざして結んだ条約。

❸

□❹1994年に発効した，アメリカ，カナダ，メキシコによるＦＴＡ。北米自由貿易協定ともよばれた。

❹

□❺ＡＳＥＡＮが1993年に発足させた，域内関税の撤廃を進めるための自由貿易地域の略称。

❺

特集 ＥＵの現在 教科書p.196〜197

特集 (／2問)

□❶2016年6月に，国民投票でＥＵ離脱を選択し，2020年1月に正式に離脱した国。

❶

□❷安全保障や気候変動対策など，地域レベルから地球規模の問題への取り組みについて，協力関係を構築する合意。戦略的パートナーシップ協定ともいう。

❷

2 南北問題 教科書p.198〜199

2 (／4問)

□❶先進国と発展途上国のうち，地球の南側（南半球）に多い国々。

❶

□❷発展途上国の輸出所得の増大をめざして，発展途上国からの輸入品に対し，一般の関税率より低い税率を適用すること。

❷

□❸サハラ以南のアフリカなどに多い，絶対的な貧困状態で飢餓に苦しむ国々。後発発展途上国ともいう。

❸

□❹貧困層の自立支援のため，貧困層に無担保・低金利で少額の融資を行うこと。

❹

3 新興市場国 教科書p.200〜201

3 (／4問)

□❶1960〜80年代に，韓国，台湾，香港と並んで急速に工業化が進んだ東アジアＮＩＥＳ（新興工業経済地域）に含まれる国。

❶

□❷2000年代に急速な経済成長をとげて，ブラジル，ロシア，中国，南アフリカ共和国とともにＢＲＩＣＳとよばれるようになった国。

❷

□❸1970年代末に中国が打ち出した，沿海部に外国資本導入の拠点として経済特区を設置し，資本や技術の導入を進めた政策。

❸

□❹かつては先進国を中心とする8か国とＥＵによって開催されていたＧ8などの会議。主要国首脳会議ともいう。

❹

4　地球規模の諸課題･････････････････教科書p.202〜203

□❶「人口爆発」の主な原因となった，発展途上国における乳幼児死亡率の低下により起こった人口動態の変化。

□❷女性が身体的，精神的，社会的に良好な状態を維持し，出産の時期や子どもの数などを自己決定できる権利。「性と生殖の健康／権利」ともいう。

□❸国連食糧農業機関（ＦＡＯ）とともに，飢餓と貧困の撲滅に向けた支援を行っている国際連合の専門機関。ＷＦＰともいう。

□❹2015年の国連サミットで採択された，2030年までに達成する目標やターゲット。持続可能な開発目標ともいう。

4　（　　　／4問）

❶

❷

❸

❹

5　地球環境問題･････････････････････教科書p.204〜205

□❶開発と環境保全のバランスを取り，将来にわたって地球環境や人間社会を適切に維持・発展できること。

□❷温室効果ガスの濃度が上昇することで，大気中に蓄熱されるエネルギー量が増加し，地球規模で気温が上昇すること。

□❸❷を原因に発生しているといわれる，ある場所・地域で30年間に発生しなかったような顕著な大気現象。

□❹地球環境問題に対処するためにＵＮＥＰ（国連環境計画）の設立を決定した，1972年の会議。

□❺1992年の国連環境開発会議（地球サミット）で，アジェンダ21，生物多様性条約などとともに採択された条約。

□❻国ごとに決められた温室効果ガスの排出量の上限をこえて排出した国と，上限を下回った国との間で排出量を売買すること。

□❼1997年の地球温暖化防止京都会議で採択された，温室効果ガス排出量の削減目標などを決めた文書。

5　（　　　／7問）

❶

❷

❸

❹

❺

❻

❼

6　日本の役割･･･････････････････････教科書p.206〜207

□❶日本国憲法前文のなかでかかげられている，自国の利益だけを追求するのではなく，諸外国との平和的共存をめざす考え方。

□❷1951年に日本が締結し，アメリカ軍の駐留を認めた条約。

□❸日本では，東南アジア諸国への戦後賠償の一環としてはじまった，先進国による発展途上国に対する援助。ＯＤＡともいう。

□❹従来の国家の安全保障だけでなく，一人ひとりの安全保障にも取り組むべきだという考え方。

□❺ＯＤＡの予算が減少傾向にあるなか，政府との連携が強化されるようになった民間の組織。ＮＧＯともいう。

□❻ＯＤＡの実施機関であるＪＩＣＡ（国際協力機構）と地方公共団体などが協力して実施する，小中学校の建設などの共同事業。

6　（　　　／6問）

❶

❷

❸

❹

❺

❻

年　　組　　番	点数	★ 思考・判断・表現
名前	／100点	／16点

★ 思考・判断・表現／無印 知識・技能

1 次の文章を読んで，設問に答えよ。

　　アジア東部の経済政策をたどると，第二次世界大戦後の工業化の初期には，a 単一の農産物や鉱物資源の生産・産出に依存する（　1　）からの脱却をはかり，自国産業の成長と国内市場の開発を優先した。1960年代から（　2　）（新興工業経済地域）とよばれるようになった国・地域は，早くに輸出志向工業化政策に転換して急成長をとげた。b 輸入代替工業の時期が長かったc 東南アジア諸国も，グローバル化の影響でしだいに輸出産業の育成をはかっていった。中国は，1970年代末から始まった（　3　）政策により，d 外国資本と市場経済を大幅に取り入れて急成長をとげた。

問1　文章中の（　1　）〜（　3　）に入る適語を答えよ。

問2　下線部 a のような経済の特徴を示す発展途上国について，次の問いに答えよ。

(1)　1974年に開催された国連資源特別総会で採択された宣言では，天然資源に対する恒久主権，多国籍企業の活動の規制など，発展途上国の利益が重視された。この宣言の略称を答えよ。

(2)　先進国の消費者が，発展途上国の生産物を適正な価格で購入することで，発展途上国の自立を支援している。この取り組みを何というか。

★**問3**　下線部 b とはどのような政策か。「国産化」の語を用いて説明せよ。

問4　下線部 c について，次の問いに答えよ。

(1)　東南アジアの国々はさまざまな組織を結成して地域協力を進めてきた。次の①〜③を結成された年代の古い順に並べよ。
①　ASEAN共同体（AC）　　②　ASEAN（東南アジア諸国連合）
③　AFTA（ASEAN自由貿易地域）

(2)　次の地域経済統合のうち，東南アジアの国々も参加しているものを①〜④のうちから1つ選べ。
①　MERCOSUR　　②　APEC　　③　USMCA　　④　EU

問5　下線部 d について，中国の沿海部に設けられた外国資本導入の拠点を何というか。

2 次の文章を読んで，設問に答えよ。

　　世界の貧富の格差の問題は先進国にも存在するが，発展途上国ではより深刻である。両地域の経済格差や，それにともなう諸問題を（　1　）という。発展途上国支援は，a 1次産品の価格安定の取り組みや，資金援助・技術供与などの形で長年行われてきたが，近年ではこれに加え，（　2　）という概念が注目されてきている。これは，国家間の関係のなかで考えられてきた従来の安全保障の枠を超えて，内戦やb 環境問題，疾病，c 飢餓などによって脅かされる一人一人の生活の安全を守ろうとするものである。

問1 文章中の（ 1 ）・（ 2 ）に入る適語を答えよ。

問2 下線部aなどの取り組みを進めてきた，1964年設立の国際連合の機関を何というか。

問3 下線部bについて，次の問いに答えよ。

⑴ 次の文中のA・Bの①～④のうちから，正しい語句を1つずつ選べ。

地球環境問題の解決へ向けて最も重要な考え方は，A【① トレードオフ　② 水平的分業】の関係にある開発と環境保全のバランスを取ったB【③ 外部経済　④ 持続可能性】を実現していくことである。

⑵ 次のC・Dの成果を上げた国際会議を，あとの①～④のうちから1つずつ選べ。

C 温室効果ガスの排出量取引のしくみが導入された。

D 生物多様性条約が採択された。

① 国連環境開発会議（地球サミット）

② 地球温暖化防止京都会議

③ 持続可能な開発に関する世界首脳会議（環境・開発サミット）

④ 国連人間環境会議

☆問4 下線部cに関連して，右の図は世界の食料価格指数の推移を示している。Eで示した時期の砂糖の価格が急上昇した理由を，次の①～④のうちから1つ選べ。

① 先進国における金融緩和（きんゆうかんわ）で，砂糖の原材料が投機（とうき）の対象になったから。

② 砂糖の原材料が先進国において，バイオマスエネルギーの原材料として用いられたから。

③ 戦争の影響でハイパー・インフレが発生したから。

④ 地球温暖化が進んで水不足が深刻化し，食料生産に影響が表れたから。

世界の食料価格指数の推移

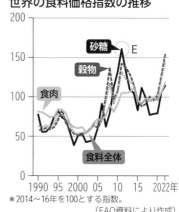

＊2014～16年を100とする指数。
（FAO資料により作成）

① 問1	1 6点		2 6点		3 6点	
問2	(1) 6点		(2) 6点			
☆問3 10点						
問4	(1) 6点	→　　　　→	(2) 6点		問5 6点	
② 問1	1 6点		2 6点		問2 6点	
問3	(1) 6点(完答)	A　　　　　　B	(2)	C 6点	D 6点	
☆問4 6点						

年　　　組　　　番	点数	★ 思考・判断・表現
名前	／100点	／20点

★思考・判断・表現／無印 知識・技能

1　右の学習テーマをまとめた表を見て，設問に答えよ。

問1　表中の（　1　）・（　2　）に入る語句を，次の①〜⑥のうちから1つずつ選べ。

① インターンシップ　② 固定
③ 在留管理制度　④ 公共
⑤ オーナーシップ　⑥ 心理

問2　表中の（　※　）に共通してあてはまる語句を漢字4字で答えよ。

問3　下線部aに関連して，「人間はその自然の本性において国家（ポリス）をもつ動物である」と述べた哲学者はだれか。

テーマ	まとめ
（　1　）的な空間	価値観の異なる個人が，その多様性を尊重され，a対等に意見を表明したり行動したりすることができる場が求められる。
青年期の自己形成	近代以前は一定の年齢に達すると，（　※　）を通じて成人としての役割が与えられた。現代ではb青年期が延長される傾向が強まっている。
キャリアの形成	自分の職業上の適性を把握する（　2　）などの機会を利用して，c将来に向けて自らのキャリアを考えていく必要がある。
日本人と宗教	日本では，d宗教が関係するe年中行事や（　※　）が受け継がれている。その多くは，山河の自然に恵まれたf風土と結びついている。

問4　下線部bの背景と考えられるものを，次の①〜④のうちから1つ選べ。

① 「わび」の美意識　② 高学歴化　③ グローバル化　④ 選挙権年齢の引き下げ

問5　下線部cについて，アメリカの心理学者ホランドは「職業選択は（　　　）の表現である」と説いた。（　　　）にあてはまる語句を答えよ。

★問6　下線部dについて，次の文中の＿＿＿＿に適する内容を，「変化」の語句を用いて答えよ。

ガウタマ＝シッダールタが説いた「縁起の法」は，＿＿＿＿＿＿＿＿＿＿＿とする真理である。

問7　下線部eについて，正月やお盆のような行事が営まれる日は（　　　）とよばれ，神々や先祖をもてなす特別な料理が饗される。（　　　）にあてはまる語句をカタカナで答えよ。

問8　下線部fについて，和辻哲郎が3つに類型化した世界の風土・文化のうち，日本の風土・文化にあてはまるものを次の①〜④のうちから1つ選べ。

① 受容的　② 乾燥　③ 戦闘的　④ 合理的

2　次のカードを見て，設問に答えよ。

A　魂のすぐれた働き	B　調整的正義	C　他者危害原理	D　快楽主義
E　定言命法	F　リベラリズム	G　禁欲主義	H　功利主義
㋐ 自然に従って生きることが幸福だ	㋑ 人間として行うべき義務を道徳の基準とした	㋒ ただ生きるのではなく，よく生きることが大切だ	㋓ 量的に測定できる快楽の総量から社会の目標を決定

お 損害を与えた者は同等の弁償（べんしょう）をすべきだ	か 自由は判断能力が成熟（せいじゅく）した人だけに適用できる	き 親しい人々と心穏（おだ）やかに過ごす生活が幸福だ	く 人々の自由を保障しつつ結果の平等をも求める

1 エピクロス	2 ベンサム	3 ロールズ	4 ゼノン
5 アリストテレス	6 ソクラテス	7 カント	8 ミル

問1 A〜Hは古代・近代・現代の思想家の主張，あ〜くはその内容，1〜8は思想家名を示している。カードを正しく組み合わせたものを，次の①〜⑧のうちから3つ選べ。

① A—き—8 ② B—お—5 ③ C—あ—3 ④ D—う—1

⑤ E—い—7 ⑥ F—く—6 ⑦ G—か—4 ⑧ H—え—2

問2 道徳的価値について考える思考実験の「トロッコ問題」に対して，帰結主義と義務論という2つの対立する考え方がある。これらの対立する考え方を唱えた人物を1〜8から2人選べ。

問3 Cは「他者に危害を加えない限り，自分に害がある行為であっても，その危険を十分判断したうえで決定したことについては，他者が妨（さまた）げることはできない」と表現することもできる。この権利（けんり）を何というか。

問4 くの下線部について，1960年代にアメリカで起こった公民権運動の結果，不利な状況におかれてきた黒人に対して，就学（しゅうがく）などで条件が有利となる措置（そち）がとられた。このような措置を何というか。

☆問5 右のまとめは，3の人物が唱えた「公正としての正義」とよばれる原理をまとめたものである。「許される不平等」の2つ目の条件であるbの（　）にあてはまる内容を，「改善」の語句を用いて答えよ。

| 第1原理 自由の平等 |
| 第2原理 許される不平等 |
| a．機会均等の競争結果 |
| b．（　　　　　　）につながるもの |

問6 7の人物は，道徳法則にのみ従う意志を何とよんだか。

1	問1	1 5点		2 5点		問2 5点		
	問3 5点			問4 5点		問5 5点		
	☆問6 10点							
	問7 5点			問8 5点				

2	問1 各6点(順不同)				問2 6点(完答)	帰結主義	義務論
	問3 5点		問4 6点				
	☆問5 10点						
	問6 5点						

年　　組　　番	点数	★ 思考・判断・表現
名前	／100点	／19点

1 右の表を見て，設問に答えよ。

問1 表中の（ **2** ）・（ **4** ）に入るルールを，次の①〜④のうちから1つずつ選べ。

① 議会制
② 法の支配
③ 基本的人権の尊重
④ 国民主権

民主主義のルール	
（ **1** ）	みんなの人権が尊重されること
（ **2** ）	みんなが物事の決定にかかわること
（ **3** ）	a みんなが代表者を選出すること
b 多数決の原理	代表者が討議して決定すること
（ **4** ）	決定したことには代表者も従うこと

問2 下線部aのルールには，間接民主制と直接民主制のしくみがある。日本における直接民主制にあたるものを，次の①〜④のうちから1つ選べ。

① 国会議員の選出　　② 法律の議決
③ 憲法改正の国民投票　　④ 内閣総理大臣の指名

問3 下線部bのルールに関しては，多数の意見がいつも正しいとは限らないので，（　　　）を尊重しながら，充分な討論と説得によって決定されなければならない。（　　　）にあてはまる語句を答えよ。

問4 表中の（ **4** ）について，次の問いに答えよ。

(1) このルールが明文化された，17世紀のイギリスで制定された文書を何というか。

(2) 日本国憲法には，このルールに関する4つの内容が含まれている。次の **W** ・ **X** にあてはまる語句を答えよ。

・憲法の最高法規性　　・ **W** 手続きの保障　　・人権の保障　　・ **X** 審査権

(3) 次の文中の**Y**・**Z**のうちから正しい語句を1つずつ選べ。

このルールと類似した立憲主義という考え方は，**Y**【① ナチス＝ドイツ　　② 共産党】によって**Z**【① ドイツ連邦共和国基本法　　② ワイマール憲法】が無力化されたことを背景として注目されるようになった。

2 右の表を見て，設問に答えよ。

★問1 次の文中の(1)・(2)から正しい語句を1つずつ選べ。

（ **X** ）に入る語は(1)【① 積極的　② 消極的】であり，（ **Y** ）自由は(2)【① 国家による　② 国家からの】自由とよばれる。

（ **X** ）自由	自由権	a 精神の自由, b 人身の自由, c 経済の自由
（ **Y** ）自由	社会権	d 生存権, 教育を受ける権利, 労働基本権
	e 参政権	選挙権, 国民投票権, 公務就任権
	請求権	（ **f** ）, 刑事補償請求権

★問2　下線部 a に含まれる信教の自由を保障するため，日本では政教分離の原則がとられている。これはどのような原則か，「国家」の語を用いて説明せよ。

問3　下線部 b について，犯罪に関する裁判で無罪が確定した後に再び罪を問われないとする原則を，次の①〜④のうちから1つ選べ。

① 一事不再理　　② 遡及処罰の禁止　　③ 罪刑法定主義　　④ 令状主義

問4　下線部 c について，次の文中の(1)・(2)から正しい語句を1つずつ選べ。

　　富が固定化し経済的格差が解消しにくくならないよう，日本国憲法は(1)【① 請願権　② 財産権】を絶対的な権利と考えず，(2)【① 個人の尊重　② 公共の福祉】に適合していればこれの制限が許されるとしている。

問5　下線部 d について規定した日本国憲法条文を，次の①〜④のうちから1つ選べ。

① 何人も，いかなる奴隷的拘束も受けない。

② すべて国民は，健康で文化的な最低限度の生活を営む権利を有する。

③ 何人も，外国に移住し，又は国籍を離脱する自由を侵されない。

④ 公務員による拷問及び残虐な刑罰は，絶対にこれを禁ずる。

問6　下線部 e に関連して，国民が主権者として正しい政治判断を行うために，国や地方公共団体のもつ情報に容易に接することができる権利が保障されるようになった。新しい人権に含まれるこの権利を何というか。

問7　表中の（　f　）に関連して，次の文中の（　f　）・（　g　）にあてはまる語句を答えよ。

　　在日アメリカ軍に所属するヘリコプターが墜落し，日本人に被害が出た場合，被害者は表中の（　f　）を行使して日本政府を提訴し，（　g　）にもとづき日本政府が賠償の責任を負うことになる。

1	問1	2 5点		4 5点		問2 5点		問3 5点	
	問4	(1) 5点			(2) W 5点			X 5点	
		(3) Y 5点		Z 5点					
2	★問1 9点(完答)	(1)		(2)					
	★問2 10点								
	問3 6点		問4 6点(完答)	(1)		(2)			
	問5 6点		問6 6点						
	問7	f 6点			g 6点				

年　　組　　番	点数	★ 思考・判断・表現
名前	／100点	／25点

★ 思考・判断・表現／無印 知識・技能

1 右の日本国憲法条文を読んで，設問に答えよ。

問1　条文中の（　1　）〜（　5　）に入る語句を，次の①〜⑧のうちから1つずつ選べ。

① 基準　　② 弁護人
③ 弾劾（だんがい）　　④ 立法
⑤ 検察官　　⑥ 総辞職
⑦ 良心　　⑧ 行政

問2　下線部aのしくみに関して，右下の図中の（　X　）にあてはまる，政権を担当している政党を何というか。

★問3　下線部b・dのしくみは，アメリカの大統領制では大きく異（こと）なる。アメリカの大統領制におけるこれらのしくみについて，「連邦議会」「大統領」の語を用いて説明せよ。

a 国会は，国権の最高機関であつて，国の唯一（ゆいいつ）の（　1　）機関である。（第41条）

内閣は，b 衆議院で不信任の決議案を可決し，又は信任の決議案を否決したときは，10日以内に衆議院が解散されない限り，（　2　）をしなければならない。（第69条）

内閣は，他の c 一般行政事務の外，左の事務を行ふ。5　d 予算を作成して国会に提出すること。（第73条）

e 裁判官は，裁判により，心身の故障のために職務を執ることができないと決定された場合を除いては，公の（　3　）によらなければ罷免（ひめん）されない。（第78条）

すべて裁判官は，その（　4　）に従ひ独立してその職権を行ひ，この f 憲法及び法律にのみ拘束（こうそく）される。（第76条③）

g 刑事被告人は，いかなる場合にも，資格を有する（　5　）を依頼することができる。（第37条③）

問4　下線部 c について，気象庁・観光庁などの外局をもつ省を，次の①〜④のうちから1つ選べ。

① 経済産業省　　② 国土交通省
③ 厚生労働省　　④ 環境省

問5　右上の図中のY・Zの選出について，次の文中の(1)・(2)から正しい語句を1つずつ選べ。

　　　内閣総理大臣は(1)【① 国会議員　　② 衆議院議員】の中から指名される。国務大臣はその(2)【① 全員　　② 過半数】が国会議員でなければならない。

問6　下線部 e について，最高裁判所裁判官についてはその任命が適切かどうか，主権者である国民から審査（しんさ）される。この制度を何というか。

★問7　下線部 f について，右の資料は，裁判所により違憲判決が下された当時の法律の概要を示している。これは日本国憲法のどの内容に違反すると判断されたものか，次の①〜④のうちから1つ選べ。

薬事法第6条の概要
薬局を開設するときはすでにある薬局と一定の距離をおく。

① 職業選択の自由　　② 公衆衛生（こうしゅうえいせい）の向上　　③ 租税法律主義（そぜい）　　④ 有限責任

問8　下線部 g の人権を守るためのしくみではないものを，次の①〜④のうちから1つ選べ。

① 無罪推定の原則　　② 再審（さいしん）の制度　　③ 三審制　　④ 被害者参加制度

国民 →選挙→ 国会 （　X　）／野党 →指名→ 内閣　Y 内閣総理大臣 →任命→ Z 国務大臣

② 右の図を見て，設問に答えよ。

問1　図中の（　1　）・（　2　）に入る語の組み合わせを，次の①〜④のうちから1つ選べ。

①　1—住民　2—団体
②　1—間接　2—直接
③　1—団体　2—住民
④　1—直接　2—間接

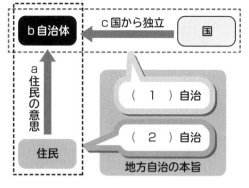

問2　aについて，次の問いに答えよ。

★(1)　X市では人口30万人のうち，18歳以上の有権者が90%を占めている。この市で市長の解職を請求するために必要となる署名数を答えよ。

(2)　地方自治では二元代表制がとられている。住民による直接選挙で選ばれる地位としてあてはまらないものを，次の①〜④のうちから1つ選べ。

①　都道府県知事　　②　地方議会議員　　③　都道府県副知事　　④　市町村長

問3　bについて，地方公共団体の本来の仕事である自治事務にふくまれるものを，次の①〜④のうちから1つ選べ。

①　パスポートの発行　　②　生活保護　　③　戸籍事務　　④　飲食店の営業許可

問4　cの地方公共団体と国との関係について正しく述べたものを，次の①〜④のうちから1つ選べ。

①　地方への権限移譲を進める地方分権一括法が，1989年に制定された。
②　国からの権限の移譲を支える財源を確保するため，三位一体の改革が行われた。
③　かつては機関委任事務の比率がおよそ3割に達し，「三割自治」とよばれていた。
④　「平成の大合併」の結果，過疎地域における公共サービスは向上した。

問5　国，自治体で行われる選挙の原則のうち，無記名による投票の原則を何というか。

①	問1	1 5点		2 5点		3 5点		4 5点		5 5点	
	問2 5点										
	★問3 9点										
	問4 5点		問5 5点(完答)	(1)			(2)				
	問6 5点			★問7 9点			問8 5点				
②	問1 5点		問2 5点	★(1) 7点			人以上	(2) 5点			
	問3 5点		問4 5点		問5 5点						

年　　　組　　　番	点数	☆ 思考・判断・表現
名前	／100点	／18点

☆
思考・判断・表現／無印　知識・技能

1　右の図を見て，設問に答えよ。

問1　現代の市場において，図中のaを妨げる要因となっているものを，次の①〜④のうちから1つ選べ。

①　非価格競争　　　②　価格の自動調整機能

③　規模の経済性　　④　自由競争

☆問2　bはどのような状態か。「需要」「供給」「消費」の語を用いて説明せよ。

問3　cについて，(1)【①　社会主義　　②　資本主義】経済では企業は利益を獲得するため，(2)【①　原材料費　　②　利潤】を最小化し，(3)【①　原材料費　　②　利潤】を最大化することを目的として生産活動を行う。(1)〜(3)から正しい語句を1つずつ選べ。

問4　dについて，（　　）として規制されてきた価格のうち，水道や電気は市場の需要と供給による自由な価格設定を認める制度に変わってきている。（　　）にあてはまる語句を答えよ。

問5　eについて，次の問いに答えよ。

(1)　ある経済主体の経済活動が，市場をとおさずにほかの経済主体に不利益を及ぼすことを何というか。

(2)　市場において買い手に十分な情報がない，情報の非対称性が生じると，買い手は割高で品質の悪い商品を買わされることになる。下線部のことを何というか，漢字3字で答えよ。

問6　fについて，次の文中の(1)・(2)から正しい語句を1つずつ選べ。
　　　国は(1)【①　直接税　　②　間接税】で，所得が高くなるにつれて税率を高くする累進課税制度を採用しているが，これは(2)【①　水平的公平　　②　垂直的公平】の原則にもとづいたものである。

問7　gについて，次の文中の(1)・(2)から正しい語句を1つずつ選べ。
　　　公共財には，費用を払わない人も除外できない(1)【①　非競合性　　②　希少性　　③　非排除性】，多くの人が同時に利用できる(2)【①　非競合性　　②　希少性　　③　非排除性】という性質がある。

2　次の文を読んで，設問に答えよ。

　　a資本主義経済では，技術革新やb設備投資などの関係で好況とc不況が周期的にくり返される。政府は税制や社会保障制度に「（　1　）」，つまり財政の自動安定化装置を組み込むとともに，dフィスカル・ポリシーを行って景気を安定させている。しかし，eバブル崩壊後の不況でf国債費の累積が進み，財政の硬直化が懸念されるようになった。この平成不況から脱却するためg日本銀行も協調し，政策金利を0％に誘導するゼロ金利政策や，政策目標を金利ではなく通貨

量を増やすことにおく（　2　）などを実施してきた。

問1　文章中の（　1　）・（　2　）に入る適語を答えよ。

問2　下線部aについて，新自由主義を唱えた学者を，次の①～④のうちから1人選べ。

① マルクス　　② フリードマン　　③ ケインズ　　④ アダム=スミス

問3　下線部bのために必要な資金を，企業は株式や社債を発行したりして調達している。この金融のしくみを何というか。

問4　下線部cにおいては，設備投資の減退や失業の増加，物価の持続的な下落がみられる。この傾向を何というか。

問5　下線部dについて，不況時に行われる政策を次の①～④のうちから1つ選べ。

① 公共事業を増やし，増税を実施する。　　② 公共事業を減らし，減税を実施する。

③ 公共事業を減らし，増税を実施する。　　④ 公共事業を増やし，減税を実施する。

問6　下線部eにおいてみられた現象を，次の①～④のうちから1つ選べ。

① デフレスパイラル　　② クリーピング・インフレ

③ スタグフレーション　　④ ギャロッピング・インフレ

問7　下線部fについて正しく述べたものを，次の①～④のうちから1つ選べ。

① 国債発行額が税収を上回らないように予算が組まれる。

② 公共事業等のための建設国債の発行は認められている。

③ バブル崩壊後に特例国債（赤字国債）の発行が定着した。

④ 日本の国債残高は対GDP比で100%を下回っている。

★問8　下線部gは市中の金融機関との間で，国債などの有価証券を売買して通貨量を調整する。日本銀行が市中に国債などを売るとどのような効果が表れるか。「通貨量」の語を用いて説明せよ。

1	問1 6点							
	★問2 9点							
	問3 6点（完答）	(1)		(2)		(3)		問4 6点
	問5	(1) 6点			(2) 6点			
	問6 6点（完答）	(1)		(2)		問7 6点（完答）	(1)	(2)
2	問1	1 5点		2 5点			問2 5点	
	問3 5点			問4 5点				
	問5 5点		問6 5点		問7 5点			
	★問8 9点							

年　　組　　番	点数	★ 思考・判断・表現
名前	／100点	／16点

★ 思考・判断・表現／無印 知識・技能

1　次の図を見て，設問に答えよ。

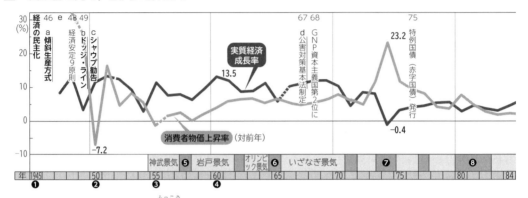

問1　図中のa～cの経済復興策の内容を正しく示したものを，次の①～③のうちから1つ選べ。

① a─超均衡予算による財政の健全化　　② b─重化学工業への重点的な配分

③ c─直接税中心の税制

問2　朝鮮戦争による特需が発生した時期を，図中の❶～❹のうちから1つ選べ。

★問3　実質経済成長率が最高を記録した年のできごとを，次の①～④のうちから1つ選べ。

① 初の建設国債発行　　② 公社の民営化開始

③ 所得倍増計画発表　　④ 経済協力開発機構（OECD）への加盟

問4　第1次石油危機が起こった時期を，図中の❺～❽のうちから1つ選べ。

問5　第1次石油危機の後に進行した現象としてあてはまらないものを，次の①～④のうちから
1つ選べ。

① 経済のソフト化　　② 産業構造の高度化

③ 省エネ・省資源化　　④ 労働の民主化

問6　消費者主権を守るために制定された法律のうち，図中の時期に制定されたものを次の①～
④のうちから1つ選べ。

① 消費者契約法　　　　② 消費者保護基本法

③ 製造物責任法（PL法）　④ 消費者基本法

問7　図中のdの法律の内容として正しいものを，次の①～④のうちから1つ選べ。

① 企業に公害防止にともなう費用負担を義務付けた。

② 汚染者負担の原則を取り入れた。

③ 公害物質の濃度規制と総量規制を定めた。

④ 無過失責任制度を取り入れた。

問8　図中のeの年には，労働基準法が制定された。社会的あるいは経済的な弱者を保護するた
めに，私法の分野にも国が関与することを目的に制定される，このような法を何というか。

2 次の文を読み，設問に答えよ。

a有限な資源は，将来にわたって使い続けていけるような形で活用しなければならない。そこで，資源の（　1　）を確保するために一定のルールが必要になる場合がある。b企業の雇用におけるルール，生物多様性と調和したc農林水産業などがこれにあてはまる。また，日本は（　2　）が急速に進み，d労働力人口の減少によって経済成長が減退し，税収の減少を招く可能性もある。人口減少社会を見すえたe社会保障制度の改革も必要とされる。

問1　文章中の（　1　）・（　2　）に入る適語を答えよ。

問2　下線部aに対して再生可能エネルギーにあてはまるものを，次の①〜④のうちから1つ選べ。

①　石油　　　②　天然ガス　　　③　地熱　　　④　石炭

問3　下線部bについて，出社したか否かにかかわらず，労使協定で定めた時間を働いたことと見なす労働形態を何というか。

問4　下線部cについて，次の問いに答えよ。

⑴　新農業基本法では，食料の安全性の確保と，（　　　　）の観点から食料自給率を引き上げようという政策が掲げられている。（　　　　）にあてはまる語句を答えよ。

★⑵　近年は6次産業としての農業が注目されている。6次産業とはどのような農業の形態か，簡単に説明せよ。

問5　下線部dについて労働力を確保するための改革としてあてはまらないものを，次の①〜④のうちから1つ選べ。

①　定年年齢の引き上げ　　　　　②　15歳未満の児童の使用

③　特定技能をもつ外国人の受け入れ　　　④　女性労働者の支援

問6　下線部eについて，日本の社会保障制度は次の①〜④の4本柱からなる。このうち，財源が全額公費負担ではないものを1つ選べ。

①　社会保険　　　②　公的扶助　　　③　社会福祉　　　④　公衆衛生

1	問1 6点		問2 6点		★問3 8点		問4 6点	
	問5 6点		問6 6点		問7 6点			
	問8 6点							
2	問1	1 6点			2 6点		問2 6点	
	問3 6点							
	問4	⑴ 6点			★⑵ 8点			
	問5 6点		問6 6点					

年　　組　　番	点数	★ 思考・判断・表現
名前	／100点	／10点

★思考・判断・表現／無印　知識・技能

1　右の年表を見て，設問に答えよ。

問1　年表中のaで定められた，迫害のおそれのある国への難民の送還を禁止する原則を何というか。

問2　下線部X・Yの条約の内容を，次の①〜④のうちから1つずつ選べ。

①　地下核実験を除くすべての核実験を禁止した。

②　核兵器の開発・保有・使用などを法的に禁止した。

③　非保有国の核兵器の製造と保有国の非保有国への核兵器の供与を禁止した。

④　地下核実験を含め，爆発をともなうすべての核実験を禁止した。

西暦	できごと
1951	難民条約の採択⋯⋯⋯⋯⋯⋯⋯a
1968	X核兵器拡散防止条約の採択
1982	国連海洋法条約の採択⋯⋯⋯b
1991	ワルシャワ条約機構の解体⋯⋯c
1992	PKO協力法の制定⋯⋯⋯⋯d
2003	イラク戦争の開始⋯⋯⋯⋯⋯e
2014	集団的自衛権の行使を容認⋯⋯f
2017	Y核兵器禁止条約の採択

問3　年表中のbは，それまで慣行的に守られてきた（　　）の原則に，解釈の違いが生じてきたため，新たな秩序形成のため採択された。（　　）にあてはまる語句を答えよ。

問4　年表中のcの後，北大西洋条約機構は(1)（　　）概念を打ち出し，(2)【①　コソボ　②　アフガニスタン　③　リビア　④　チェチェン】などへ軍事介入した。(1)に適する語句を答えよ。また，(2)にあてはまらない国・地域を①〜④のうちから1つ選べ。

問5　年表中のdが制定されるきっかけとなったできごとを，次の①〜④のうちから1つずつ選べ。

①　アメリカ同時多発テロ　②　湾岸戦争　③　中東戦争　④　キューバ危機

問6　図中のeの後，国民保護法などの（　　）が整備された。（　　）にあてはまる語句を答えよ。

問7　年表中のfについて，存立危機事態において，密接な関係の他国への攻撃に対し，集団的自衛権による反撃が可能とされた法律名を答えよ。

2　次の文を読んで，設問に答えよ。

a国際連合は，創設以来今日に至るまでb人権問題に積極的に取り組んできた。国際連合憲章では人権の尊重が目的の一つとして掲げられ，国連総会は，1948年の（　1　），1966年の（　2　）など，c数々の宣言や条約を採択してきた。これらの条約の締約国は，d条約の規定に従って人権を保障しなければならない。私たちの人権は，国内法だけでなく，e国際法によっても保障されるようになりつつある。

問1　文章中の（　1　）・（　2　）に入る適語を答えよ。

★問2　下線部aは，侵略などの平和を脅かす行動をとった国が現れたとき，国際連盟よりも有効な手立てをとることができる。その理由を制裁手段の面から説明せよ。

問3　下線部 b について，国連の人権理事会と連携して活動しているＮＧＯ（非政府組織）を，次の①～④のうちから１つ選べ。

① ヒューマンライツウォッチ　② パグウォッシュ会議

③ ＪＩＣＡ　　　　　　　　④ ＴＩＣＡＤ

問4　下線部 c について，国連が採択してきた次の個別的な人権条約をそれぞれ答えよ。

(1) 女性に対するあらゆる形態の差別を禁止した。

(2) 18歳未満のすべての子どもを権利の主体として認め，地球的規模でのその権利の実現を求めた。

(3) あらゆる種類の人種差別を非難し，その撤廃を求めた。

(4) すべての障がい者が，人権や基本的自由を享有するための措置の実現を求めた。

問5　下線部 d について，日本は（　2　）のＡ・Ｂ両規約の第１選択議定書と死刑廃止条約については，（　　）を導入していないこと，死刑制度を維持していることから未批准である。（　　）にあてはまる語句を答えよ。

問6　下線部 e について正しく説明したものを，次の①～④のうちから１つ選べ。

① 個々の国家が国際法を尊重するか否かにかかわらず，国際法は遵守される。

② 沿岸国に天然資源の開発の主権的権利が認められる排他的経済水域は，国際法上，国家の領域の一部を構成する。

③ 国際慣習法は，合意のあった国家の間でのみ適用される。

④ 国際法を最初に体系化したのは，『戦争と平和の法』を著したグロティウスである。

①	問1 5点			問2	X 5点		Y 5点	
	問3 5点			問4	(1) 5点			(2) 5点
	問5 5点		問6 5点			問7 5点		
②	問1	1 5点			2 5点			
	★問2 10点							
	問3 5点							
	問4	(1) 5点		(2) 5点		(3) 5点		
		(4) 5点						
	問5 5点			問6 5点				

年　　組　　番	点数	★ 思考・判断・表現
名前	／100点	／24点

★ 思考・判断・表現／無印 知識・技能

1 次の設問に答えよ。

問1 資料Ⅰ・Ⅱを見て，次の問いに答えよ。

(1) 国際分業のうち，資料Ⅰは（　A　）分業，資料Ⅱは（　B　）分業の特色を示している。A・Bにあてはまる語句を答えよ。

(2) 国際分業の利益を比較生産費説にもとづいて唱えたイギリスの経済学者はだれか。

問2 資料Ⅰ・Ⅱのような貿易は，貿易収支として計上される。一方で投資や借入による資産と負債（ふさい）の収支を何というか。

資料Ⅰ　日本のチリとの貿易

日本の輸出	日本の輸入
軽油··········32%	銅鉱··········48%
乗用車········30%	さけ・ます······19%
一般機械······· 7%	ウッドチップ··· 5%

資料Ⅱ　日本のドイツとの貿易

日本の輸出	日本の輸入
電気機器········28%	乗用車··········22%
一般機械········19%	医薬品··········19%
乗用車··········12%	一般機械········14%

（『データブック　オブ・ザ・ワールド2021』による）

★問3 次の文中の(1)・(4)にあてはまるものを選べ。また，(2)・(3)にあてはまる数字を答えよ。

貿易の決済には為替（かわせ）レートが大きな影響をおよぼす。1ユーロ＝130円から1ユーロ＝120円になる(1)【①　円高　　②　円安】の場合，輸入についてはドイツの30,000ユーロの自動車が(2)（　　）万円から(3)（　　）万円で買えることになり，輸入品の価格変動によって，国内物価を(4)【①　上げる　　②　下げる】要因（よういん）になる。

問4 国際通貨の安定に関して，次の①〜③を年代の古い順に並べよ。

①　キングストン会議で変動相場制に合意　　②　アメリカが金・ドル交換を停止

③　ブレトンウッズ協定が締結（ていけつ）される

★問5 国際分業が進むなかでは，規格の統一化や規模の経済性の理由から，グローバル・スタンダードが世界中で支配的になった。規模の経済性とは何か，「生産規模」の語を用いて説明せよ。

問6 多国籍企業によるグローバル化の推進によって，日本国内で起こった変化を，次の①〜④のうちから1つ選べ。

①　サブプライムローンを担保（たんぽ）とした証券化の破綻（はたん）　　②　産業の空洞（くうどう）化

③　ヘッジファンドの資金引きあげによる通貨暴落（ぼうらく）　　④　スタグフレーション

2 右の地図を見て，設問に答えよ。

★問1 地図中の❶〜❹の地域経済統合のうち，人口1人あたりのGDPが最も多いものを選べ。

問2 地図中の❶〜❹の地域経済統合のうち，マーストリヒト条約の調印により成立したものを1つ選べ。

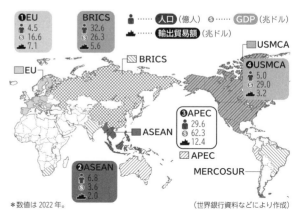

❶EU
人口 4.5
GDP 16.6
輸出貿易額 7.1

BRICS
人口 32.6
GDP 26.6
輸出貿易額 5.6

人口（億人）　GDP（兆ドル）　輸出貿易額（兆ドル）

❹USMCA
人口 5.0
GDP 29.0
輸出貿易額 3.2

❸APEC
人口 29.6
GDP 62.3
輸出貿易額 12.4

❷ASEAN
人口 6.8
GDP 3.6
輸出貿易額 2.0

ASEAN
BRICS
EU
USMCA
APEC
MERCOSUR

＊数値は2022年。

（世界銀行資料などにより作成）

問3　地図中の❶〜❹は，最も統合力の弱い地域協力，最も統合力の強い経済同盟，そのほか自由貿易協定，関税同盟に分類される。最も統合力の弱い地域協力にあたるものを❶〜❹のうちから1つ選べ。

問4　BRICSとは何か。次の①〜④のうちから1つ選べ。

①　1960年代から80年代を通じて急速な経済成長をとげた国々

②　1970年代末から改革開放政策を打ちだした国々

③　社会主義体制をとりながらも市場経済を導入した国々

④　2000年代に急速な経済成長をとげた国々

問5　BRICSのうち，地図中の❸にも参加している国を2つ答えよ。

問6　地図中の❸では，2020年の会議で持続可能な経済成長について言及された。次の(1)〜(3)の地球環境問題の現象および原因にあてはまるものを，右の①〜④から1つずつ選べ。

(1)　砂漠化

(2)　オゾン層の破壊

(3)　酸性雨

①　エアコンや冷蔵庫に使われていたフロンガスなどの化学物質が原因。

②　工場の排煙や自動車の排気ガスなどに含まれる汚染物質が大気中で水と結びついて発生。

③　乾燥地において地質が劣化し，植物が育たない土地になる。

④　タンカーや海底油田の事故などによる原油の流出により発生。

問7　日本の（　　）は，戦後賠償の一環としてはじまったが，その後，援助額が増えていった。日本の（　　）の対象地域はアジア中心だったが，近年，地図中にXで示した大陸に含まれる国々での援助が増加している。（　　）にあてはまる語句を，次の①〜④のうちから1つ選べ。

①　JICA　　②　NGO　　③　NIEO　　④　ODA

①	問1	(1)	A 6点		B 6点			(2) 6点	
	問2 6点								
	★問3 8点(完答)	(1)		(2)		(3)		(4)	
	問4 6点(完答)		→		→				
	★問5 8点								
	問6 6点								
②	★問1 8点		問2 5点		問3 5点		問4 5点		
	問5 5点(完答・順不同)								
	問6	(1) 5点		(2) 5点		(3) 5点		問7 5点	

産む・産まないを決めるのは？

考えてみよう！ 自分の身体や時間を差しださない自由はあるか？ 教科書p.34〜35

①もしも自分がヴァイオリニストとつながれていたら，どうする？

【その理由は…】

②教科書の資料を読んで，実際の社会的な事例に当てはめて考えてみよう。
【妊娠・中絶の場合だったら…】

③自分の考えは①から変化したかな？
　□変化した
　□変化しない
　なぜなら…

　また，自分が判断するために，さらに必要な資料はないかな？
　【参考にした資料】

④この思考実験を通して，これからの社会に望むことを書いてみよう。

エネルギーと環境問題

考えてみよう！　エネルギーをどうする？　　　　　　　　　　　　　　　教科書p.36〜37

①どんな利益が対立しているのだろう。保護しないでいい利益はあるかな？

【その理由は…】

②教科書の資料を読んで，実際の社会的な事例に当てはめて考えてみよう。

【原子力発電の場合だったら…】

【環境問題の場合だったら…】

③自分の考えは①から変化したかな？

□変化した

□変化しない

なぜなら…

また自分が判断するために，さらに必要な資料はないかな？

【参考にした資料】

④この思考実験を通して，これからの社会に望むことを書いてみよう。

思考実験

外部性と公共性

考えてみよう！ 自分の家の近くに建設がはじまったら？

教科書p.38〜39

---

①迷惑な施設はいらない？ 必要だとすれば, 誰がどのような理由で引き受ければいいだろうか。

【その理由は…】

---

②教科書の資料を読んで, 実際の社会的な事例に当てはめて考えてみよう。

【ゴミ処理場の場合だったら…】

---

③自分の考えは①から変化したかな？

□変化した

□変化しない

なぜなら…

また自分が判断するために, さらに必要な資料はないかな？

【参考にした資料】

---

④この思考実験を通して, これからの社会に望むことを書いてみよう。

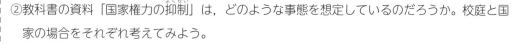

思考実験　なぜ社会をつくるのか？

考えてみよう！　どうやったら人々の争いを終わらせることができるか？　　　　　教科書p.44〜45

①契約による国家の成立と校庭ルールの似ているところ，違っているところはどこだろう？

【その理由は…】

⬇

②教科書の資料「国家権力の抑制」は，どのような事態を想定しているのだろうか。校庭と国家の場合をそれぞれ考えてみよう。

【校庭】

【国家】

このような事態に対して，どのような対応が考えられるだろうか？

【校庭】

【国家】

⬇

③教科書の資料「社会契約の思考とは」を読んで，ルソーの人民主権論を校庭で具体化する案を考えてみよう。

⬇

④社会契約説は，「社会」（国家）というものを，どのように捉えようとしたのだろうか？

新しい「新しい人権」

考えてみよう！　主張は正当だと思う？「データを消してほしい！」　　　　　　　　教科書p.52～53

---

①同意がなければ情報は利用できない？いつどのような同意があればいいのだろうか。

　【その理由は…】

↓

②教科書の資料を読んで，実際の社会的な事例に当てはめて考えてみよう。
　【「忘れられる権利」の場合だったら…】

↓

③自分の考えは①から変化したかな？
　□変化した
　□変化しない
　なぜなら…

　また自分が判断するために，さらに必要な資料はないかな？
　【参考にした資料】

↓

④この思考実験を通して，これからの社会に望むことを書いてみよう。

「憲法の番人」は何を意味するのか？

考えてみよう！ 裁判所の仕事をどう考えるか？ 教科書p.76〜77

①「憲法の番人」っていうけど，裁判所はどこまで判断できるのだろう？

【裁判所の役割とは…】

【日本の統治行為論では…】

②日本以外の裁判所のあり方を調べてみよう。

【国名＿＿＿＿＿＿＿＿＿＿＿＿＿＿の場合…】

【日本との違い…】

③自分の考えは①から変化したかな？

□変化した

□変化しない

なぜなら…

④この思考実験を通して，これからの社会に望むことを書いてみよう。

思考実験 お金で買えないものってある？

考えてみよう！ お金で買えることの意味とは？　　　　教科書p.106〜107

①チケットの入手方法が異なるとき，公正の観点から考えて，どのような違いがあるだろうか？

　【その理由は…】

②教科書の資料を読んで，実際の社会的な事例に当てはめて考えてみよう。
　【友情や名誉，有名選手のサイン，血液の場合だったら…】

③自分の考えは①から変化したかな？
　□変化した
　□変化しない
　なぜなら…

　また自分が判断するために，さらに必要な資料はないかな？
　【参考にした資料】

④この思考実験を通して，これからの社会に望むことを書いてみよう。

難民問題を考える

考えてみよう！　難民は，なぜ発生するのだろうか？　　　　　　　　　　　教科書p.174〜175

①気になる難民問題を取り上げ，なぜ発生したのか原因を考えてみよう。

【取り上げた難民問題…】

【発生した原因は…】

②日本の難民受け入れ数は今よりも増やすべきかな？

□増やすべき

□現状維持か，今よりも減らすべき

なぜなら…

③難民問題を解決するために必要なことは何か考えてみよう。

教科書以外の資料も参考にしよう。

【世界では…】

【日本では…】

④この思考実験を通して，これからの社会に望むことを書いてみよう。

MEMO

第1編　第1章
公共的な空間をつくる私たち

1　社会のなかの私たち　p.2

①家族
②文化
③客観的
④子
⑤親
⑥国家
⑦公共的
⑧コミュニケーション
⑨尊厳
⑩世論
⑪自立
⑫参加

2　日本の文化と社会　p.3

①農耕
②忍従的
③八百万神
④清明心
⑤ツミ
⑥通過儀礼
⑦歳神
⑧祖霊
⑨ハレ
⑩見立て
⑪わび
⑫幽玄
⑬節分
⑭七夕

3　青年期とは　p.4

①発達
②ライフサイクル
③青年期
④第二次性徴
⑤第二反抗期
⑥心理的離乳
⑦自我
⑧ルソー
⑨第二の誕生
⑩エリクソン
⑪心理・社会的モラトリアム
⑫モラトリアム人間
⑬境界人
⑭パラサイトシングル

4　自己形成の課題　p.5

①発達課題
②アイデンティティ
③欲求
④マズロー
⑤欲求階層説
⑥適応
⑦適応行動
⑧欲求不満
⑨葛藤
⑩フロイト
⑪防衛機制
⑫合理化
⑬パーソナリティ
⑭自己実現

5　ライフ・キャリアの形成　p.6

①キャリア
②キャリア発達
③パーソナリティ
④ボランティア
⑤経済的自立
⑥若年無業者
⑦過労死
⑧ワーク・ライフ・バランス
⑨男女共同参画社会基本法
⑩生涯学習
⑪役割

6　社会の多様性　p.7

①ハンナ・アーレント
②尊厳
③ジェンダー
④性的マイノリティ
⑤ポジティブ・アクション
⑥外国人技能実習制度
⑦エスノセントリズム
⑧文化相対主義
⑨多文化主義
⑩B

7　宗教と文化　p.8

①パスカル
②縁起の法
③煩悩
④涅槃
⑤アガペー
⑥隣人愛
⑦アッラー
⑧クルアーン
⑨ターミナルケア
⑩喪
⑪グリーフケア
⑫ガウタマ=シッダールタ
⑬イエス
⑭ムハンマド

用語チェック　p.9〜11

1　社会のなかの私たち

❶アリストテレス
❷言語
❸公共的な空間
❹コミュニケーション

2　日本の文化と社会

❶和辻哲郎
❷祓
❸神道
❹年中行事
❺ハレ
❻千利休

3 青年期とは
- ❶発達
- ❷青年期
- ❸通過儀礼
- ❹第二反抗期
- ❺心理的離乳
- ❻エミール
- ❼モラトリアム
- ❽小此木啓吾

4 自己形成の課題
- ❶欲求階層説
- ❷適応
- ❸葛藤
- ❹フロイト
- ❺合理化

5 ライフ・キャリアの形成
- ❶キャリア発達
- ❷ホランド
- ❸ワーク・ライフ・バランス
- ❹男女共同参画社会基本法
- ❺生涯学習

特集 多様性と包括
- ❶多文化共生
- ❷ダイバーシティ
- ❸インクルージョン

6 社会の多様性
- ❶ハンナ・アーレント
- ❷ジェンダー
- ❸ポジティブ・アクション
- ❹文化相対主義
- ❺ヘイトスピーチ対策法

7 宗教と文化
- ❶パスカル
- ❷世界宗教
- ❸縁起の法
- ❹慈悲の心
- ❺福音
- ❻ムハンマド
- ❼六信五行
- ❽マザー=テレサ
- ❾グリーフケア

特集 人と社会
- ❶ヘーゲル
- ❷横井小楠

章末テスト①

p.12〜13

1

問1 発達

解説 市民として必要な知識，男女の社会的役割を学ぶなどさまざまな発達課題を達成したうえで，「自分らしさ」を確立していく。

問2 1 エミール 2 第二の誕生

解説 2 「一回目は存在するために，二回目は生きるために」人は生まれるとルソーは述べた。

問3 (1) ③ (2)A ③ B ②

解説 (1)社会の問題に関心をもって向き合い，自分の意見を形成することが，公共的な空間を形成することにつながる。

問4 境界人（周辺人，マージナルマン）

解説 複数の社会集団の「周縁に（マージナル）」位置するという意味で，こうよぶ。

問5 アリストテレス

解説 著書「政治学」のなかでアリストテレスは，人間はポリス的（社会的）動物であると述べ，言語の使用と共同生活を人間の特性としてあげた。

2

問1 ジェンダー

解説 生物学的な性に対して，社会的な性をジェンダーとよぶ。ジェンダーを固定的にとらえることなく，性別による格差のない社会づくりをしていくことが必要とされる。

問2 (1) ④ (2) ③

解説 (2)①は生理的欲求，②は所属と愛情の欲求である。

問3 (1) ② (2) フロイト (3) ①

解説 (1)人間関係が広がるにつれて，他人との衝突が増え，不適応の状態におちいることは多くなる。

問4 アイデンティティ

解説 幼児期，青年期の反抗期を経て，人はアイデンティティを確立していく。

問5 （例）不当な性差別を解消し，男女が社会の対等な構成員として，職場や地域の活動に参画する機会を確保する目的。

解説 「不当」の語について，「性」による不当な扱いを解消するという内容となっていなければ不可。「対等な構成員」の語について，男女が対等な構成員であるという内容になっていることが必要。「社会の構成員」だけでは解答として不足している。

①

問1 和食

解説 日本人の伝統的な食文化として，2013年にユネスコの無形文化遺産に登録された。

問2 八百万神

解説 日本人は唯一神を設けず，のちに外国から伝えられた新しい宗教も，新たな神として受け入れてきた。

問3 (1) i ④　 ii ②　(2) **ケガレ**

解説 (2)ケガレに関する規定（喪に服する期間など）は，平安時代半ばの法令で初めて定められた。

問4 祖霊信仰

解説 仏教でも先祖を供養するが，日本では仏教伝来以前から祖霊信仰が根づいていた。

問5 (1) ①　 (2) ②

　　　(3) （例）一見素朴に見えるもののなかに，力強い生命力や深い精神性を見いだす美意識。

解説 (3)素朴とは，自然のまま，ありのままであることである。自然のままであるにもかかわらず，力強さや，込められた思い，受け継がれてきた背景などの深さ（＝精神性）を見出すという内容になっていれば可。

②

問1 1 エスノセントリズム（自民族中心主義）
**　　 2 文化相対主義**

解説 1日本でもエスノセントリズムの高まりが見られたため，差別的言動の解消をめざしてヘイトスピーチ対策法が2016年に制定された。
2イスラム教徒の法に基づいて調理していることを証明するハラル認証が日本でも広まるなど，文化の多様性を認める動きが見られる。

問2 (1) **ハーバーマス**　 (2) ②

解説 (2)②は，被差別者を優遇する暫定的な措置により差別解消をはかるものである。

問3 (1)A **イスラム教**　 B **仏教**
　　　 C **キリスト教**　(2) i C　 ii B
　　　 (3) ①

解説 (1)C愛のあり方を純化してとらえ，無償・無差別の愛である神の愛（アガペー）を説いた。

問4 ②

解説 ①誕生時の身体的な性に一致しないこともある。③社会，文化のあり方とともに変化する。④アーレントが批判したのは全体主義。

---

1 幸福とは　　　　　　　　　　p.16

①幸福追求権	⑧魂
②充足感	⑨徳
③エピクロス	⑩正義
④親しい	⑪公正
⑤ゼノン	⑫自然法
⑥役割	⑬配慮
⑦ソクラテス	

2 自由とは　　　　　　　　　　p.17

①ミル	⑦自己決定
②依存	⑧他者危害原理
③カント	⑨愚行権
④生理的	⑩権力
⑤道徳法則	⑪意志
⑥自律	⑫判断力

3 正義とは　　　　　　　　　　p.18

①ホッブズ	⑧平等
②他者危害原理	⑨道徳的
③正義	⑩ベンサム
④処遇	⑪人格
⑤アリストテレス	⑫定言命法
⑥調整的正義	⑬配分
⑦交換的正義	

4 公正とは　　　　　　　　　　p.19

①平等	⑧リベラリズム
②公平	⑨セン
③8,000	⑩潜在能力
④2,000	⑪ノーマライゼーション
⑤ロールズ	
⑥自由	⑫ユニバーサルデザイン
⑦格差原理	

1　幸福とは
- ❶幸福追求権
- ❷心の充足感
- ❸エピクロス
- ❹快楽
- ❺ゼノン
- ❻ソクラテス
- ❼アレテー

2　自由とは
- ❶ミル
- ❷依存症
- ❸カント
- ❹自己決定
- ❺愚行権
- ❻サルトル

3　正義とは
- ❶リヴァイアサン
- ❷正義
- ❸配分的正義
- ❹調整的正義
- ❺トロッコ問題
- ❻功利主義
- ❼手段
- ❽定言命法

4　公正とは
- ❶平等
- ❷実質的平等
- ❸公正
- ❹公正としての正義
- ❺不平等
- ❻格差原理
- ❼リベラリズム
- ❽潜在能力

特集　寛容と連帯
- ❶ヴォルテール
- ❷レヴィ＝ストロース

思考実験　産む・産まないを決めるのは？
- ❶リプロダクティブ・
  　ヘルス／ライツ

1

問1　1　⑤　2　③　3　⑦　4　④　5　①

解説 4・5ミルは，『自由論』，カントは『実践理性批判』を著した。

問2　アレテー

解説 徳（アレテー）には知恵・思慮・勇気・節制などの働きがふくまれる。

問3　①

解説 2・3ゼノンは禁欲主義，エピクロスは快楽主義をとなえたが，心の安定が幸福をもたらすと見なした点は共通する。

問4　2

解説 自然法とは，世界を秩序づける普遍的な原理のこと。17世紀の思想家グロチウスは，この考えを国際法に適用した。

問5　他者危害原理

解説 他者に危害を加えたり，公共の福祉に反したりするような行為は，制限されるべきであるとする原理。この原理にもとづき，ミルは自由は「判断能力が成熟した人だけに適用できる」と述べた。

問6　道徳法則

解説 カントは，人格における人間性を手段としてのみならず，つねに目的として扱うことを説いた。

2

問1　1　②　　2　⑤

解説 2カントが道徳の基準とした，人間として行うべき義務を定言命法という。

問2　1　④　　2　③

解説 1功利主義は，イギリスの思想家ベンサムがとなえた考えで，全体の福祉を道徳の基準とした。カントのとなえた道徳法則の形式を定言命法といい，それにもとづく義務論と功利主義は対立する考えである。

問3　(1)　（例）罪を犯した者は，誰もが等しく罰を
　　　　　　　受けるべきであるとする正義。
　　　　(2)　④　　(3)　リベラリズム　　(4)　セン

解説 (1)財産や名誉を各人の能力や成果に応じて分けることを意味する「配分的正義」と区別する。(2)アメリカの倫理学者ロールズは，社会契約説をもとに「公正としての正義」の原理を導いた。④はインドの経済学者センのとなえた潜在能力である。(4)センはだれもが等しく自分の目標や理想を追求できる公正な社会を求めた。

第1編 第3章
公共的な空間における基本原理と日本国憲法

1 人間の尊厳と平等　p.24

①政治	⑨形式的
②尊重	⑩両性
③個人主義	⑪選挙
④利己主義	⑫教育
⑤基本的人権の尊重	⑬実質的
⑥法の下の平等	⑭家
⑦永久	⑮世界人権宣言
⑧不断	

2 民主政治と国民主権　p.25

①法	⑦直接民主制
②立憲	⑧国民投票
③君主	⑨権力
④間接民主制	⑩抑制
⑤多数決	⑪リンカン
⑥少数意見	⑫モンテスキュー

3 消極的自由と公共の福祉　p.26

①消極的	⑨遡及処罰
②積極的	⑩居住
③国家からの自由	⑪財産権
④思想	⑫公共の福祉
⑤表現	⑬精神
⑥信教	⑭人身
⑦罪刑法定主義	⑮経済
⑧令状主義	

4 積極的自由と義務　p.27

①国家による自由	⑧裁判
②最低限度	⑨国家賠償請求権
③教育	⑩刑事補償請求権
④団結権	⑪請願権
⑤団体交渉権	⑫勤労
⑥参政権	⑬18
⑦国民投票権	⑭奉仕者

5 法の支配と人権保障　p.28

①人の支配	⑦違憲審査権
②権利章典	⑧ワイマール憲法
③法治主義	⑨ヒトラー
④最高法規性	⑩ファシズム
⑤基本的人権	⑪戦う民主主義
⑥適正	⑫B

6 平和主義　p.29

①平和的生存権	⑨日米地位協定
②戦争	⑩日米防衛協力
③戦力	⑪思いやり予算
④交戦権	⑫非核三原則
⑤警察予備隊	⑬防衛装備移転
⑥自衛隊	⑭専守防衛
⑦日米安全保障条約	⑮文民統制
⑧日米相互協力	

用語チェック　p.30〜31

1 人間の尊厳と平等

❶国家	❸努力
❷基本的人権の尊重	❹選挙権の平等

2 民主政治と国民主権

❶国民主権	❸直接民主制
❷議会制民主主義	❹均衡

思考実験　なぜ社会をつくるのか？

❶社会契約説	❷ロールズ

3 消極的自由と公共の福祉

❶自由権	❸学問の自由
❷政教分離の原則	❹一事不再理

4 積極的自由と義務

❶生存権	❹請求権
❷教育を受ける権利	❺納税の義務
❸団体行動権	

特集　「新しい人権」

❶環境権	❸知る権利
❷プライバシーの権利	

章末テスト p.32〜33

1

問1　違憲

解説　違憲審査制によって，憲法が国の最高法規であることが確保される。

問2　権利章典

解説　これにより，国王から議会への権力の移行が比較的穏健に行われた。

問3　（例）少数意見を尊重しながら，充分な討論によって決定されなければならない点。

解説　「尊重」の語について，少数意見を尊重するという内容になっていなければ不可。多数の意見が常に正しいわけではなく，充分な「討論」と説得が必要。

問4　基本的人権

解説　大日本帝国憲法は天皇を不可侵な存在としたが，日本国憲法では基本的人権を不可侵とした。

問5　司法

解説　社会の中の争いを，法にもとづき解決する権限。

問6　(1) ②　　(2) ③

解説　(1)非核三原則は1971年の国会で決議された。(2)①自衛隊創設は条件ではない。②集団的自衛権は2015年に法制化。④防衛装備移転三原則と武器輸出三原則が逆。

2

問1　1　**個人**　　2　**幸福**

解説　1・2「すべて国民は，個人として尊重される。」から始まる憲法第13条に明記されている。

問2　(1)①　**B・X**　　②　**A・Y**（各完答）
　　　　(2)①　**学問**　　②　**信教**　　③　**罪刑法定主義**
　　　　　　④　**団体交渉権**

解説　(1)①自由権は国家から束縛されず，国民の自由が守られた状態を実現しようという権利。②社会権は参政権・請求権とともに，国家に求める「積極的自由」である。(2)①第二次世界大戦前には，国家権力が国家の政策を批判する大学教授を大学から追放したことがあった。②政教分離は，国家が宗教と過度にかかわることを禁ずる原則。③適正手続きの保障は，疑いがかけられているのかを被疑者や被告人に知らせたうえで，弁明の機会をあたえること。

問3　(1) ⑤　　(2) ③　　(3) ①　　(4) ②

解説　(1)個人が自分の生き方や生活のあり方について自分自身の意思で決定できるようにする権利。(2)個人情報の保護と表現の自由は対立することがある。(3)行政機関の書類は開示を求めることができる。

用語チェック　　　　　p.44〜47

1　法の機能と限界
❶公私区分　　　　　　❸実定法
❷家庭内暴力　　　　　❹成文法

2　国会の運営と権限
❶均衡　　　　　　　　❺臨時国会
❷衆議院　　　　　　　❻解散
❸弾劾裁判所　　　　　❼公聴会
❹通常国会　　　　　　❽議員立法

3　内閣と行政の民主化
❶国会議員　　　　　　❺官僚
❷連立政権　　　　　　❻許認可権
❸内閣不信任決議　　　❼情報公開法
❹政令

4　世界の政治体制
❶大統領　　　　　　　❹全国人民代表大会
❷最高裁判所　　　　　❺政教一致
❸中国共産党

5　裁判所と人権保障
❶裁判官の独立　　　　❺再審
❷家庭裁判所　　　　　❻国民審査
❸控訴　　　　　　　　❼違憲審査権
❹上告

6　私たちと裁判
❶起訴　　　　　　　　❺行政裁判
❷被告人　　　　　　　❻裁判員制度
❸原告　　　　　　　　❼法科大学院
❹和解　　　　　　　　❽被害者参加制度

7　地方自治のしくみ
❶地方自治の本旨　　　❺解散権
❷二元代表制　　　　　❻イニシアティブ
❸条例　　　　　　　　❼リコール
❹自治事務　　　　　　❽三割自治

8　選挙のしくみと課題
❶平等選挙　　　　　　❻多党制
❷直接選挙　　　　　　❼衆議院
❸小選挙区制　　　　　❽参議院
❹比例代表制　　　　　❾1票の格差
❺二大政党制

9　政党政治
❶有権者　　　　　　　❸圧力団体
❷自由民主党　　　　　❹政党助成法

10　国民と政治参加
❶選挙権　　　　　　　❸マスメディア
❷政治的無関心

特集　メディア・リテラシー
❶メディア・リテラシー　　❷確証バイアス

特集　防災を考える
❶ハザードマップ　　　❷ボランティア元年

章末テスト①（左段）

1

問1　③

解説　①は毎年1回1月中に召集される。②は衆議院解散後の総選挙の日から30日以内に召集される。

問2　②

解説　議決に要求される必要最小限の出席員数を定足数といい，委員会では定数の2分の1以上である。

問3　予防検束

解説　現在は人身の自由（適正手続きの保障）があるため，予防検束は許されない。

問4　A　総辞職　　B　弾劾裁判（所）
　　　　C　i　イ　　ii　ア

解説　A内閣総理大臣とすべての国務大臣がそろって辞職することを総辞職という。B弾劾裁判は，衆参両議院から選ばれた各7名の議員を裁判員として行われる。C最高裁判所長官の任命は天皇の国事行為である。

問5　1　代表　　2　議院内閣制
　　　　3　国民審査

解説　高度に政治的であるため，裁判所の違憲審査権がおよばないとするこの考え方を，統治行為論という。在日米軍をめぐる裁判でも，同じように裁判所による判断が回避された。

2

問1　政治資金規正法

解説　政治家には，資金の収支報告書の公開が義務づけられた。

問2　閣議

解説　2013年の国家安全保障戦略など，国の重要な方針が閣議で決定されることもある。

問3　(1)　野党　　(2)　多党制　　(3)　②→④→①→③

解説　(1)野党は内閣を監視し，政策を批判して政権交代をめざす。(2)多党制は，比例代表制の結果として生まれやすい政党政治の形である。(3)②55年体制という。④1993年のこと。①2009年の衆議院議員選挙の結果による。③2012年の衆議院議員選挙の結果による。

問4　利益集団（圧力団体）

解説　労働分野では日本労働組合総連合会（連合），企業分野では日本商工会議所などがあげられる。

問5　（例）国の予算から一定の金額を政党に交付し，政治資金にあてること。

解説　「予算」の語について，国の予算であることが書かれていなければ不可。国民の税金から1人につき250円ずつ，政党助成法によって政党のためにあてられることとなった。

章末テスト②（右段）

1

問1　1　民主主義の学校　　2　大合併

解説　1地方自治には，住民が意思を行政に反映させる方法を学ぶという役割がある。2市町村合併は，行政効率向上や財政の安定化をもたらした。

問2　ボランティア

解説　阪神・淡路大震災が発生した1995年は，「ボランティア元年」といわれている。

問3　二元代表制

解説　二元代表制にもとづき，首長と地方議会は対等の立場にある。

問4　③

解説　①②議会解散・議員解職請求は選挙管理委員会に対して行う。④監査請求は監査委員に対して行う。

問5　④

解説　①法定受託事務以外の自治体が独自に行う事務は自治事務とされた。②機関委任事務は廃止された。③法令の根拠により法定受託事務が行われることとなった。

問6　46.6（％）

解説　地方税のみがあてはまる。

2

問1　1　1票の格差　　2　二院制

解説　2二院がたがいのゆきすぎをおさえ，慎重な審議がなされている。

問2　②

解説　1925年に納税額の制限が撤廃され，満25歳以上の男子による普通選挙が実現した。

問3　平等選挙

解説　公平に1人1票とすること。

問4　(1)A　小選挙区　　B　比例代表
　　　　　C　選挙区　　　D　ドント
　　　　(2)　（例）死票が多く，当選者以外の候補者の得票は議席に反映されないので，少数意見を反映しにくい。

解説　(1)D各党の得票数を整数で順に割っていき，数字の大きい順に議席が配分される。(2)「死票」は落選候補者に投じられた票。小選挙区制ではこれが多いことに触れていなければ不可。当選した1人以外に投じた人の意見は反映されにくいという欠点がある。

問5　①

解説　アメリカ大統領は連邦議会の議員とは別々に選挙され，連邦議会から不信任決議をされることもない。また，大統領には議会の解散権もない。

1　経済活動と私たちの生活　　　　p.52

①財	⑨需要
②サービス	⑩市場経済
③経済	⑪公平性
④分業	⑫トレードオフ
⑤経済主体	⑬家計
⑥経済循環	⑭政府
⑦金融機関	⑮企業
⑧資源の希少性	

経済ゼミ　経済学の考え方／資本主義の進化 p.53

①低く	⑧自由放任主義
②希少性	⑨マルクス
③トレードオフ	⑩ケインズ
④機会費用	⑪フリードマン
⑤資本主義	⑫社会主義
⑥国富論	⑬修正資本主義
⑦見えざる手	

2　市場のしくみ／経済ゼミ　需要曲線と供給曲線
p.54

①市場経済	⑦供給曲線
②完全競争	⑧均衡価格
③市場価格	⑨均衡取引量
④自動調整機能	⑩シフト
⑤市場メカニズム	⑪増える
⑥需要曲線	⑫減る

3　市場の失敗　　　　　　　　　　p.55

①寡占	⑦市場の失敗
②独占	⑧公共財
③規模の経済性	⑨外部負（不）経済
④プライス・リーダー	⑩情報の非対称性
⑤下方硬直性	⑪ガルブレイス
⑥独占禁止法	⑫非競合性

4　現代の企業　　　　　　　　　　p.56

①利潤	⑧コーポレート・ガバ
②社債	ナンス
③株式会社	⑨ディスクロージャー
④有限責任	⑩メセナ
⑤分離	⑪私企業
⑥多国籍企業	⑫公企業
⑦複合企業	

経済ゼミ　株式って何？　　　　　p.57

①株式	⑦証券取引所
②株主	⑧貸借対照表
③有限責任	⑨損益計算書
④株主総会	⑩投機的取引
⑤取締役	⑪株主総会
⑥キャピタルゲイン	⑫配当

5　国民所得／経済ゼミ　ＧＤＰって何？　p.58

①付加価値	⑦三面等価
②フロー	⑧キャピタルゲイン
③国富	⑨自家消費
④ＧＮＩ	⑩ストック
⑤ＮＮＰ	⑪ＧＤＰ
⑥ＮＩ	⑫ＧＮＰ

6　景気変動と物価の動き　　　　　p.59

①景気変動	⑦ハイパー
②デフレーション	⑧スタグフレーション
③消費者物価指数	⑨デフレスパイラル
④企業物価指数	⑩リーマン・ショック
⑤クリーピング	⑪アベノミクス
⑥ギャロッピング	⑫インフレーション

7　財政の役割　　　　　　　　　　p.60

①財政	⑦ビルトイン・スタビ
②一般会計	ライザー
③特別会計	⑧フィスカル・ポリシー
④財投機関債	⑨公債金
⑤資源配分の調整機能	⑩国債費
⑥所得再分配機能	⑪累進課税
	⑫社会保障

9　金融のしくみと働き

❶価値貯蔵機能　　❹直接金融

❷金本位制　　　　❺決済機能

❸暗号資産

10　中央銀行と金融の自由化

❶中央銀行　　　　❹マネタリーベース

❷政府の銀行　　　❺量的・質的金融緩和

❸金融政策　　　　　政策

1

問1　1　分業　　2　希少性

[解説] 2人間の限りない欲求に対して，消費することのできる資源に限りがあることを希少性という。

問2　(1)　②　　(2)　ケインズ

[解説] (1)自由放任主義は「レッセ・フェール」の訳語。自由な経済活動に対して政府が干渉しないことを表す。(2)ケインズは「大きな政府」を主張した。

問3　経済循環

[解説] 3つの経済主体がそれぞれ結びつき，財やサービスを取り引きしている。

問4　財—②・③　サービス—①・④

[解説] 政府が提供する公共財も，財（道路・橋・公園など），サービス（警察・消防など）に分かれる。

問5　トレードオフ

[解説] 「向こうを立てればこちらは立たず」の状況。

問6　1,200万円

[解説] 300（万円）×4（年間）で計算する。

2

問1　最適配分

[解説] 公正で自由な経済活動をとおして，資源の最適配分が実現される。

問2　(1)　均衡価格

　　　　(2)　(例)価格は低下し，取引量は減少する。

[解説] (1)生産者も消費者も希望どおりに取り引きできる価格である。(2)人気の低下は需要の減少を表し，需要曲線が左へ移動する点に着目する。グラフから，供給曲線が動かず，需要曲線が左に移動したときの交点を読み取ると，価格が下がり，取引量が減っている。

問3　市場メカニズム

[解説] 市場メカニズムによって商品の価格が決定される経済のことを，市場経済という。

問4　③

[解説] ①の金融監督庁は公正取引委員会。②のトラストはカルテル。④は1997年に持株会社は解禁となった。

問5　多国籍企業

[解説] 海外で生産や販売を行うことには，海外の安い労働力を利用する，為替相場の変動による影響を避けるといった目的がある。

問6　スケールメリット

[解説] スケールメリットが働くと，寡占市場が形成されやすい。

□1

問1　1　株主総会　　2　貸借対照表

解説　2会社の資本金や負債の額などを示す財務諸表である。株主が出資する際の重要な判断材料となる。

問2　③

解説　私企業の中の法人企業には会社企業と組合企業があり，株式会社は会社企業に区分される。

問3　有限責任の原則

解説　無限責任制は合名会社などでとられている。

問4　所有（資本）と経営の分離

解説　20世紀初めごろから進んだ現象である。

問5　（例）株式を自由に発行し，市場から資本金を調達できる。

解説　資本金を調達するために，株式を発行することに触れていなければ不可。株主の出資額が少額でも多数の株主をつのれば多額の資金を集めることができる。

問6　④

解説　高評価の企業の株式は需要が高まり，高くなる。低評価の企業の株式は需要が低くなり，安くなる。

□2

問1　1　企業の社会的責任（ＣＳＲ）
　　　2　コンプライアンス　　3　メセナ

解説　1環境保全，消費者の保護などがＣＳＲの例。

問2　配当

解説　企業業績が悪化すると，配当がない場合もある。

問3　②

解説　景気循環は，キチンの波＜ジュグラーの波＜クズネッツの波＜コンドラチェフの波の順に長い。

問4　(1)　①　　(2)　150円

解説　(1)②は国民が１年間に生産した財・サービスの付加価値の合計，③はＧＮＩから固定資本減耗分と間接税を引き，補助金を加えたもの，④は国民が１年間に生産した付加価値である。(2)付加価値とは，生産活動の結果，新たに生みだされた価値の合計である。したがって，図中の「パン屋」の合計金額があてはまる。

問5　インフレーション（インフレ）

解説　好況期にはインフレーションが進行する。

問6　コングロマリット

解説　本来の事業以外にも事業を広げている。

問7　④

解説　経営者の企業倫理を確立するためにも，ディスクロージャーが必要とされる。

□1

問1　1　バブル経済　　2　量的緩和

解説　2市中銀行が日本銀行に預けている当座預金の量を増やそうとした。

問2　③

解説　不況時は，有効需要の不足を補い，通貨量を増大させる政策がとられる。

問3　X　公開市場操作（オペレーション）
　　　Y　マネタリーベース

解説　Y日本銀行が国債などの購入量を増やすことで，マネタリーベースを増やすことができる。

問4　デフレスパイラル

解説　物価の下落が企業倒産を増やし，結果として消費を冷え込ませて企業業績がさらに悪化する。

問5　(1)　租税法律主義　　(2)　②

解説　(1)「あらたに租税を課し，又は現行の租税を変更するには，法律又は法律の定める条件によることを必要とする。」（日本国憲法第84条）とされている。(2)低所得者ほど税負担が重くなる性質を逆進性という。

問6　（例）国債費が増大して本来の財政費用が不足し，財政上の目的が達成できなくなってしまうこと。

解説　「国債費の増大」とは，過去に借りた国債の返済金が増大することである。そうすると財政を弾力的に働かせることが難しくなるため，「硬直化」とよぶ。

□2

問1　為替業務

解説　小切手による支払い，振替による送金などを為替業務とよぶ。

問2　①

解説　受け入れた預金を貸し出すことをくり返すことによって，預金通貨が創出されていく。

問3　10%

解説　日本銀行に預けた10万円は，100万円の預金の10%に当たる。

問4　直接金融―ウ　間接金融―ア・イ

解説　間接金融は金融機関をとおして行われる。

問5　a　②　　b　①

解説　b証券市場を通じた資金調達が重視されるようになった。

問6　④

解説　財やサービスの価値を，貨幣の数量によりはかる機能である。

3　バブル後の日本経済
- ❶貸し渋り
- ❷リストラクチャリング
- ❸構造改革
- ❹サブプライムローン問題
- ❺格差

4　日本の中小企業
- ❶中小企業
- ❷下請け
- ❸ニッチ産業
- ❹起業
- ❺地場産業

5　日本の農業問題
- ❶後継者
- ❷農業基本法
- ❸食糧管理制度
- ❹減反政策
- ❺新食糧法
- ❻安全性
- ❼里山
- ❽6次産業

6　公害の防止と環境保全
- ❶足尾鉱毒事件
- ❷新潟水俣病
- ❸四日市ぜんそく
- ❹イタイイタイ病
- ❺水俣病
- ❻公害対策基本法
- ❼都市・生活型公害

7　エネルギーと循環型社会
- ❶石炭
- ❷新エネルギー
- ❸脱炭素社会
- ❹原子力発電
- ❺循環型社会
- ❻リデュース
- ❼ゼロ・エミッション

特集　ゼロ成長社会に生きる
- ❶政策金利
- ❷定常状態

特集　地域通貨とは
- ❶地域通貨

章末テスト①　　　　　p.84〜85

1

問1　1　復興金融金庫　　2　シャウプ勧告

解説　1復興金融金庫が発行した債券を日本銀行が引き受けることで資金が調達された。2所得税などの直接税を中心とする税制に改めることとなった。

問2　傾斜生産方式

解説　復興金融金庫からの融資は，石炭・鉄鋼などの重要産業部門に重点がおかれた。

問3　④

解説　労働の民主化はGHQによる経済の民主化。

問4　③

解説　単一為替レートの設定は，貿易振興のために実施された。

問5　②

解説　朝鮮戦争による米軍の軍需品の調達のため，日本企業に大量の注文が発生した。

2

問1　1　高度経済成長　　2　バブル経済

解説　1高い労働力，高い貯蓄率を背景とする設備投資などが高度経済成長の背景にあった。2投機の加熱により，株価や地価が実体を超えて上昇し，泡（バブル）のようにはじけた。

問2　③

解説　1位はアメリカである。

問3　A　①　　B　③

解説　A皇位継承の儀式に用いられた3種の宝物になぞらえて，こうよばれる。B自動車（カー），カラーテレビ，クーラーの頭文字から，3Cとよばれた。

問4　④

解説　モノの生産より情報の生産が中心となる変化である。

問5　(1)　C　②　D　③
　　　(2)　（例）土地や株式への投資増加

解説　(1)アメリカの貿易赤字を縮小させるため，各国が協調してドル安へ誘導した。(2)低金利政策の下で，金融機関から過剰に資金が融資される→資金が株式や土地の購入にあてられる→需要が多いと価格は上がるので，地価・株価が高騰　という流れになる。

問6　(1)　④　　(2)　格差社会

解説　(1)不況対策として公共投資は拡大された。(2)リストラの進行にともなう賃金体系の変化，成果主義の採用も労働者間の所得格差をもたらした。

1

問1　1　食料自給率
　　　2　新農業基本法（食料・農業・農村基本法）

解説　2企業の農業参入を認めることなどで，食料自給率を向上させようとした。

問2　①

解説　②は1942年，③は1946年，④は1995年。

問3　（例）国産品との価格差を小さくし，国内農業を保護するため。

解説　図から，200円の国産チーズは，150円の輸入チーズに価格競争で負けてしまうことを読み取る。関税を上乗せすることで，国内の畜産を保護することができる。

問4　③

解説　減反政策は米の作付け制限と，他の作物への転作からなる。環太平洋パートナーシップ（ＴＰＰ）の締結により海外の米流入に備えて，国内の稲作の競争力を高めるなどの目的で減反政策は廃止された。

問5　ベンチャー

解説　高い技術力により成長している中小企業のこと。

2

問1　1　里山　2　再生可能　3　アセスメント

解説　3大規模な開発の際は，住民などの関係者の意見も取り入れて計画が決定される。

問2　X　過失　Y　責任

解説　無過失責任制は，製造物責任法（ＰＬ法）にも取り入れられている。

問3　ゼロ・エミッション

解説　エミッションは「排出」の意味。

問4　循環型社会形成推進基本法，①

解説　大量消費・大量廃棄の社会を，循環型社会に切り替えることが目的である。②はリデュース，③はリユースにあたる。

問5　②

解説　①天然ガスは新エネルギーにあてはまらない。③石炭から石油へ移行した。④脱炭素社会である。

問6　(1)　④　　(2)　環境権

解説　(1)①は公害対策を総合的に推進するため，②は新しい公害・環境問題に対応するため，③は公害防止事業の費用負担を事業者に求めるために制定された。
(2)大阪空港の周辺住民が，夜間の飛行差し止めなどを求めた訴訟である。

第2編　第4章　豊かな生活の実現

1　私たちの生活と契約　　　　p.88

①契約	⑦所有権絶対
②意思表示	⑧債務不履行
③契約自由	⑨追完請求
④権利と義務	⑩社会法
⑤公法	⑪債権
⑥私法	⑫債務

2　消費者主権　　　　p.89

①情報の非対称性	⑧クーリング・オフ
②消費者問題	⑨消費者基本法
③消費者主権	⑩消費者市民
④国民生活センター	⑪電子商取引
⑤消費者庁	⑫グリーン・コンシューマー
⑥無過失責任制度	
⑦消費者契約法	⑬クレジットカード

3　労働者の権利　　　　p.90

①労働契約	⑦労働基準監督署
②労働運動	⑧不当労働行為
③国際労働機関	⑨労働委員会
④労働協約	⑩労働基準法
⑤団体行動権	⑪労働組合法
⑥最低基準	⑫労働関係調整法

4　現代の雇用・労働問題　　　　p.91

①終身雇用制	⑧変形労働時間制
②年功序列型賃金制	⑨裁量労働制
③企業別労働組合	⑩外国人
④リストラ	⑪定年
⑤非正規雇用	⑫出入国管理法
⑥成果主義	⑬育児・介護休業法
⑦過労死	

用語チェック　　　p.95〜97

1

問1　1　消費生活センター　　2　労働基準監督署

解説　2労働基準法にもとづいて結ばれた労働契約が守られているかどうか，労働基準監督署が監督をする。

問2　情報の非対称性

解説　買い手が売り手より少ない情報しかない状態。

問3　契約自由の原則

解説　この原則の例外として特定商取引法，消費者契約法などで契約の無効や取り消しができる制度がある。

問4　①

解説　ただし公務員は①・②の権利を制限され，③の権利は認められない。

問5　(1)　（例）私法の分野にも国が関与して，労働基準法などの社会法を制定している。

　　　(2)　③

解説　(1)民法は国民相互の関係を規律する私法で，労働契約においては労働者が不利になる場合がある。そこで，労働基準法などは国の関与を規定している。私法の分野に国が関与し，社会法を制定している点に触れていなければ不可。(2)①非正規労働者にも労働組合法が適用される。②日本の社会保障給付や国民負担率は低い水準にある。④社会保険費の方が多い。

問6　クーリング・オフ

解説　訪問販売などトラブルの起きやすい取り引きが対象で，店頭販売・通信販売などは対象外である。

問7　労働者災害補償保険

解説　作業中の事故，過労死などの労働災害が対象。

2

問1　1　アメリカ　　2　国民皆保険

解説　1世界恐慌後の失業者家族を救済するため，1935年に制定された。

問2　④

解説　「アメとムチ」のうち「アメ」の政策である。

問3　③

解説　①は社会福祉，②公衆衛生，④は社会保険。

問4　イ・Ｘ

解説　北欧型は全国民を対象とした制度で，無差別・平等の保障をめざす。

問5　バリアフリー

解説　日常生活のバリア（社会的障壁）を取り除く。

問6　②

解説　年金保険料の納付開始年齢は20歳のまま。

第2編　第5章
国際政治のしくみと動向

1　国家主権と国際法　　　　　　　　p.100

①領域	⑦条約
②主権国家	⑧国際慣習法
③ウェストファリア条約	⑨公海自由の原則
④国際法	⑩国際司法裁判所
⑤グロティウス	⑪国際刑事裁判所
⑥自然法	⑫領空
	⑬排他的経済水域

2　人権保障の広がり　　　　　　　　p.101

①４つの自由	⑨子どもの権利条約
②世界人権宣言	⑩人権理事会
③国際人権規約	⑪人権ＮＧＯ
④社会権	⑫ヒューマンライツウォッチ
⑤自由権	
⑥難民条約	⑬障害者権利条約
⑦女性差別撤廃条約	⑭アムネスティー・インターナショナル
⑧人種差別撤廃条約	

3　国際連合の役割と課題　　　　　　p.102

①第一次世界大戦	⑦拒否権
②国際連盟	⑧国連軍
③国際連合憲章	⑨ＰＫＯ
④平和	⑩勢力均衡
⑤総会	⑪集団安全保障
⑥安全保障理事会	

4　第二次世界大戦後の国際社会　　　p.103

①資本主義	⑧多極化
②ソ連	⑨アジア・アフリカ会議
③冷戦	
④ベトナム戦争	⑩ペレストロイカ
⑤ジュネーブ４巨頭会談	⑪ベルリンの壁
	⑫マルタ
⑥キューバ危機	⑬北大西洋条約機構
⑦緊張緩和	⑭ワルシャワ条約機構

用語チェック　p.108〜111

1 国家主権と国際法
❶国民　❹国際慣習法
❷グロティウス　❺公海自由の原則
❸条約　❻ＩＣＪ

特集 領土をめぐる問題
❶ロシア　❸尖閣諸島
❷竹島

2 人権保障の広がり
❶Ｆ．ルーズベルト　❺障害者権利条約
❷世界人権宣言　❻人権理事会
❸Ｂ規約　❼アムネスティー・インターナショナル
❹難民条約

3 国際連合の役割と課題
❶勢力均衡　❺大国一致の原則
❷集団安全保障　❻国連軍
❸常任理事国　❼ＰＫＯ
❹非常任理事国

特集 ＭＤＧｓ／ＳＤＧｓ
❶ミレニアム開発目標　❷ＳＤＧｓ

4 第二次世界大戦後の国際社会
❶アメリカ　❺キューバ危機
❷ワルシャワ条約機構　❻非同盟主義
❸朝鮮戦争　❼新冷戦
❹ソ連　❽ゴルバチョフ

5 冷戦終結後の国際社会
❶ソ連　❺タリバン政権
❷クロアチア　❻ユニラテラリズム
❸イラク　❼中国
❹北大西洋条約機構　❽シリア

6 人種・民族・難民問題
❶人種　❺ノン・ルフールマンの原則
❷民族自決　❻ＵＮＨＣＲ
❸パレスチナ問題
❹難民

思考実験 難民問題を考える
❶ヨーロッパ難民危機　❷ロヒンギャ族

7 核兵器の廃絶と国際平和
❶恐怖の均衡　❺包括的核実験禁止条約
❷イギリス
❸核兵器拡散防止条約　❻クラスター爆弾禁止条約
❹戦略兵器削減条約
❼第五福竜丸

1

問1　1　ファシズム　　2　人権理事会

解説　2略称をＵＮＨＲＣという。

問2　②

解説　主権国家は対等な独立国であり，他国による国内政治への干渉は許されない。

問3　Ｆ．ルーズベルト

解説　言論の自由，信仰の自由，欠乏からの自由，恐怖からの自由の４つである。

問4　⑴　④　　　⑵Ａ　②　Ｂ　①

解説　⑴④は子どもの権利条約（1989年）の内容。⑵世界人権宣言は人権保障の模範。国際人権規約は締約国が規約実現のために措置をとらなければならない。

問5　③

解説　①は2006年，②は1979年，③は1951年，④は1965年である。

問6　アムネスティー・インターナショナル

解説　各国の人権侵害を批判しそれを公表している。

2

問1　1　安全保障　　2　分担金

解説　1安全保障理事会は，５か国の常任理事国と，２年の任期で選挙される10か国の非常任理事国で構成される。

問2　②

解説　第一次世界大戦までは勢力均衡が有力で，国際連盟で集団安全保障がとり入れられた。

問3　（例）常任理事国であるアメリカが反対したため，否決された。

解説　資料中で常任理事国はアメリカ・イギリス・中国・フランス・ロシア。このうち１か国（アメリカ）でも反対すると安全保障理事会は決議できない。「常任理事国」，「アメリカ」の語句がなければ不可。

問4　①

解説　国連軍のかわりに，ＰＫＯが国連の安全保障機能をはたしてきた。

問5　③

解説　日本・ドイツ・ブラジル・インドがめざしている。

問6　②

解説　①は経済社会理事会，③は事務局，④は国際司法裁判所。

問7　Ａ　ＵＮＥＳＣＯ　　Ｂ　ＵＮＩＣＥＦ

解説　Ａ国連教育科学文化機関。Ｂ国連児童基金。

1

問1　1　冷戦（冷たい戦争）　2　キューバ危機

　　　3　部分的核実験禁止条約（ＰＴＢＴ）

解説　1直接戦火を交えない厳しい対立という意味で，こうよばれた。2キューバでは1959年に社会主義革命が起こり，アメリカと対立していた。3米ソ関係がデタント（緊張緩和）に転じていたころに結ばれた。

問2　A　③　　B　⑤　　C　①

解説　A敗戦国のドイツでは，西側に資本主義国のドイツ連邦共和国（西ドイツ），東側に社会主義国のドイツ民主共和国（東ドイツ）が成立した。Bは朝鮮戦争，Cはベトナム戦争である。

問3　原水爆禁止世界大会

解説　1955年，被爆地である広島で原水爆禁止世界大会が開かれた。

問4　④

解説　ソ連の指導者フルシチョフが，かつての指導者スターリンを批判し，平和共存の姿勢を示した。

2

問1　1　マルタ会談　　2　オバマ

解説　1アメリカのブッシュ大統領とソ連のゴルバチョフ共産党書記長が，マルタ島で会談した。2その後オバマ大統領は，アメリカ大統領としては初めて被爆地である広島を訪問した。

問2　④

解説　国連の決議に基づき，アメリカを主力とする多国籍軍がイラクを攻撃した。

問3　①

解説　②は包括的核実験禁止条約，③は戦略兵器制限交渉，④は中距離核戦力である。

問4　(1)　②　　(2)　③

解説　(2)チェチェン紛争はロシアが独立派と戦った。

問5　(例) 国際問題の解決を一国主導で行おうとする方針。

解説　一国だけで問題を解決しようとした点が書かれていれば可。ブッシュ政権の後に成立したオバマ政権は，多国間協調主義（マルチラテラリズム）を示した。

問6　②

解説　①・④は米ソ（ロ）2か国間，③は5か国間で結ばれた条約。②のほかに国際連合で採択された条約としては，核兵器禁止条約がある。

1

問1　1　国連平和維持活動協力法

　　　2　同時多発テロ

解説　1テロ対策特別措置法，海賊対処法などの制定により，自衛隊の海外派遣は拡大されていった。2イスラム過激派がハイジャックした旅客機が，世界貿易センタービルなどに突入した。

問2　(1)　周辺事態　(2)A　②　B　③

解説　(1)そのほか武力攻撃事態，重要影響事態などさまざまな危機を想定した法律が制定されている。(2)自衛のための措置を行う事態を，日本に対する直接の武力攻撃が発生した場合以外にも拡大した。

問3　パレスチナ問題

解説　パレスチナ難民はパレスチナ解放機構(ＰＬＯ)を組織し，イスラエルに対する武装闘争を続けた。

問4　イラク戦争

解説　この戦争に際し，日本はイラク復興支援特別措置法を制定し，イラクへ自衛隊を派遣した。

2

問1　アラブ

解説　リビアなどで独裁政権が倒れたが，シリアでは内戦となった。

問2　③

解説　民主化運動が起こったのは西アジア・北アフリカの一部の国々。

問3　A　国際司法裁判所（ＩＣＪ）

　　　B　国際刑事裁判所（ＩＣＣ）　C　ハーグ

解説　A国際連盟のころの常設国際司法裁判所の規程を受けついでいる。Bすべての国が参加しているわけではないため，有効性を疑問視する声もある。

問4　(1)　ＵＮＨＣＲ

　　　(2)　(例) シリアなどから多くの難民が近隣のヨーロッパに押し寄せる状況。

解説　(2)最も多くの難民が発生している国は，地図からシリアとわかる。「シリア」の語句がない場合は不可。2011年からのシリア内戦では，多くの難民が近隣の中東諸国やヨーロッパに押し寄せた。

問5　A　障害者権利条約　　B　子どもの権利条約

解説　A2006年に採択され，日本は2014年に批准した。障がい者が全ての人権及び基本的自由を差別なしに享有することを保障した。B1989年に採択され，日本は1994年に批准した。18歳未満の子どもの生きる権利，守られる権利，育つ権利，参加する権利を保障した。

4 グローバル化する経済

❶多国籍企業
❷規模の経済性
❸グローバル・スタンダード
❹FTA
❺産業の空洞化
❻タックス・ヘイブン
❼ヘッジファンド
❽投機的資金
❾アジア通貨危機
❿サブプライムローン

特集 ポスト資本主義社会

❶資本主義
❷利子
❸第4回ラテラノ公会議
❹ケインズ

1

問1 1 円高　2 GATT

解説 1アメリカの貿易赤字が深刻化したため，1985年のプラザ合意でドル高が是正され円高が進んだ。

問2 ③

解説 ①は核廃絶への提言をした会議（1957年）。②は南北問題の解決をはかる会議（1964年〜）。④はアジア・アフリカ会議のこと（1955年）。

問3 産業の空洞化

解説 これにより，製造業からサービス産業へ産業構造の転換が加速した。

問4 ④

解説 A国はより少ない労働量でシャツを，B国はより少ない労働量でテレビを生産できる。

問5 A ③　B ①　C ②

解説 日本が債権国であるため金融収支は黒字である。

問6 ①

解説 無差別とはある国に与えた有利な待遇は，他の国にも適用されるという最恵国待遇のことをさす。

問7 経済連携協定

解説 物品だけでなく，サービス・投資などを幅広く自由化している。

2

問1 1 サブプライムローン　2 アジア

解説 2タイやインドネシア，韓国に対して，IMFから金融支援が行われた。

問2 ②

解説 水平貿易は，かつては先進国どうしで行われていたが，現在は多様化している。

問3 （例）ヘッジファンドが投機的資金を新興市場国から引きあげたため。

解説 アジア各国に大量投資をしていたヘッジファンドが，1995年からのドル高などを受けて資金を引きあげた。

問4 ブレトンウッズ協定

解説 アメリカのドルを基軸通貨とした固定相場制を採用した。

問5 市場介入（公的介入）

解説 市場の失敗を是正するため，政府や中央銀行が市場を調整する。

問6 IBRD（国際復興開発銀行）

解説 戦後復興のための国際金融を担当した。

1

問1 1 モノカルチャー経済　2 NIES
　　　3 改革開放

解説 1価格が急落した場合，経済が深刻な打撃を受ける。2工業製品の輸出によって成長した発展途上国（地域）である。3経済特区の設置に代表される政策。

問2 (1) NIEO樹立宣言　(2) フェアトレード

解説 (1)NIEOは新国際経済秩序のこと。(2)フェアトレード認証製品にはラベルがはられている。

問3 （例）それまで輸入していた商品を国産化することで経済成長をはかろうとする政策。

解説 輸入していた商品を国産化することにふれられていなければ不可。輸入代替工業に対し，輸出志向工業化政策は，外資を導入することで輸出を振興する。

問4 (1) ②→③→①　(2) ②

解説 (1)②は1967年，③は1993年，①は2015年。(2)アジア太平洋経済協力会議は特定の課題について協議する枠組みで，経済統合とは異なる。

問5 経済特区

解説 シェンチェンなど5地区が指定され，外国資本を導入することで技術導入をはかった。

2

問1 1 南北問題　2 人間の安全保障

解説 1先進国は地球の北側，発展途上国は南側に多いことからこうよばれた。2日本政府も援助政策の基本理念としてこれを掲げている。

問2 UNCTAD（国連貿易開発会議）

解説 「援助より貿易を」の方針を掲げている。

問3 (1)A ①　B ④　(2)C ②　D ①

解説 (1)何かを選択しているとき，それ以外の選択を捨てているという，相反する関係をトレードオフという。(2)C排出量取引は1997年の地球温暖化防止京都会議で導入され，その後のパリ協定でもいかされている。D生物多様性の保全と生物資源の持続可能な利用をめざす条約で，1992年の国連環境開発会議（地球サミット）で採択された。③は2002年，④は1972年。

問4 ②

解説 サトウキビやトウモロコシがバイオエタノールの原料として需要が高まるとともに，穀物市場で穀物が投機の対象となり，価格の高騰を招くことで，飢餓に陥るおそれがある。

1

問1 1 ④　2 ①

解説 1ドイツ語で公共的空間を表す言葉は，「誰に対しても開かれ，参加できる場」という意味を持つ。

問2 通過儀礼

解説 宮参り，七五三，成人式などがあてはまる。

問3 アリストテレス

解説 人間にとって幸福とは，社会に参加してその一員として自己を実現することであると説いた。

問4 ②

解説 「社会人」に必要な能力の複雑化，高学歴化にともない，青年期の終わりは30歳前後まで延びてきた。

問5 パーソナリティ

解説 職業は個人の特性や能力を生かす場でもある。

問6 （例）あらゆるものは相互に依存することによって生じ，変化し続けている

解説 「縁起」の「縁」についての「相互に依存する」という点に触れていなければ不可。

問7 ハレ

解説 反対に日常的な日々をケとよぶ。

問8 ①

解説 ②・③は砂漠型，④は牧場型に含まれる。

2

問1 ②・⑤・⑧

解説 ほかはA—⑤—6，C—⑥—8，D—⑧—1，F—⑧—3，G—⑧—4が正しい組み合わせ。

問2 帰結主義　2　義務論　7

解説 ベンサムはより多くの人を助けることが正しいと考えた。

問3 愚行権

解説 ミルは判断を最終的に自分の意志で行うことが自由であると考えた。

問4 アファーマティブ・アクション（積極的差別是正措置）

解説 議員の男女比率の偏りを解消するクオータ制に代表される。

問5 （例）最も恵まれない人々の状況の改善

解説 最も不利な立場にある人が生き残るため，幸福をどのように分配するかを考えなければならないとした。このような背景がわかる内容であれば可。

問6 善意志

解説 カントは，善意志にもとづく行為のみを善とする動機主義の立場をとった。

①

問1 2 ④ 4 ②

解説 1には③，3には①があてはまる。

問2 ③

解説 ほかに最高裁判所裁判官の国民審査，地方自治の直接請求などがこれにあたる。

問3 （例）少数意見

解説 フランスの思想家トックビルは，「多数者の専制」をいましめた。

問4 (1) 権利章典 (2)W 適正 X 違憲
  (3)Y ① Z ②

解説 (2)W法を適用する手続きは公平でなければならない。X基本的人権を侵す法律に対しては，裁判所が違憲判決を下して無効とすることができる。(3)第二次世界大戦後は西ドイツで再び民主的な憲法が定められ，「戦う民主主義」の考え方が示された。

②

問1 (1) ② (2) ①

解説 一方で積極的自由は，国家に求める権利（国家による自由）である。

問2 （例）国家権力がいかなる宗教活動に対しても支援や関与をしてはならないという原則。

解説 「政教分離」とは，国家と宗教の分離を意味する。「支援や関与をしてはならない」は「中立でなければならない」などでも可。

問3 ①

解説 ②は合法だった行為を後から制定した法で処罰することはできないこと，③は処罰される犯罪や刑罰は事前に法律で定めておく必要があること，④は警察が被疑者を逮捕するには裁判所による令状が必要であること。

問4 (1) ② (2) ②

解説 憲法第29条②に「財産権の内容は，公共の福祉に適合するやうに，法律でこれを定める。」とある。

問5 ②

解説 ①・④は身体の自由，③は経済の自由。

問6 知る権利

解説 これを保障するため情報公開制度が整備された。

問7 f 国家賠償請求権 g 日米地位協定

解説 f公務員の不法行為に対し損害賠償を請求する権利で，請求権に含まれる。g出入国の手続きや裁判管轄権など，在日アメリカ軍の法的地位を規定している。

①

問1 1 ④ 2 ⑥ 3 ③ 4 ⑦ 5 ②

解説 2内閣を構成する内閣総理大臣と各国務大臣の全員が，同時にその職を辞めることを総辞職という。

問2 与党

解説 一定の議席を得て政権に参加する政党である。

問3 （例）大統領は連邦議会から不信任されることはないが，連邦議会に予算を提出する権限はない。

解説 不信任と予算の両方について触れること。国民は議会の議員（立法）と大統領（行政）を別々に選出し，大統領と議会は互いに独立した地位をもつ。

問4 ②

解説 道路の整備，治水なども行っている。

問5 (1) ① (2) ②

解説 また，憲法第66条により内閣総理大臣と国務大臣は文民でなければならないとされている。

問6 国民審査制度

解説 最高裁判所の裁判官は，衆議院議員総選挙の際に国民の投票によって審査される。

問7 ①

解説 既存の薬局の近くに新たな薬局を開くことが許可されないのは，職業選択の自由の侵害と判断された。

問8 ④

解説 ④は被害者やその家族が裁判に参加できる制度。

②

問1 ③

解説 団体自治と住民自治を合わせて地方自治の本旨という。

問2 (1) 9万（人以上） (2) ③

解説 (1)首長の解職には有権者の3分の1以上の署名が必要なので，300,000×0.9÷3により，9万人。

問3 ④

解説 ①〜③は法定受託事務である。

問4 ②

解説 ①地方分権一括法の制定は1999年。③機関委任事務の比率がおよそ7割に達していたこと，あるいは地方税などの自主財源が歳入の3割程度しかない状態を「三割自治」とよんだ。④過疎地域における公共サービスの低下が懸念された。

問5 秘密投票

解説 選挙の原則は，このほか，普通選挙，平等選挙，直接選挙がある。

1

問1 ③

解説 規模の経済性は寡占市場をもたらす。寡占や独占は市場メカニズムでは解決できない問題である。

問2 （例）需要と供給が一致し，供給された財やサービスがすべて消費される状態。

解説 需要と供給が一致している点，財・サービスがすべて消費される点の両方に触れていなければ不可。

問3 (1) ② (2) ① (3) ②

解説 資本主義経済では，費用をできる限り小さくし，利益をできる限り大きくする（効率性の追求）。

問4 公共料金

解説 国民生活に大きな影響を与える料金。

問5 (1) 外部負（不）経済 (2) 逆選択

解説 (1)プラス効果の場合は外部経済という。

問6 (1) ① (2) ②

解説 (2)同じ所得額の人が等しい負担をすることは水平的公平という。

問7 (1) ③ (2) ①

解説 公共財はこのような性質をもつため，市場をとおして供給することは望ましくない。

2

問1 1 ビルトイン・スタビライザー
　　 2 量的緩和政策

解説 1 累進課税制度などがあてはまる。

問2 ②

解説 ①は社会主義，③は修正資本主義，④は自由放任主義の先駆となった。

問3 直接金融

解説 一方で家計などから預貯金などの形で集めた資金を貸し出すことを間接金融という。

問4 デフレーション（デフレ）

解説 需要が減って不景気になった場合に起きやすい。

問5 ④

解説 市場に流れる資金量を増やす。

問6 ①

解説 ②は高度経済成長期，③・④は第1次石油危機。

問7 ②

解説 公共事業は将来世代にも恩恵をもたらすと考えられる。

問8 （例）市中の通貨量が減り，景気の過熱が抑えられる。

解説 国債の代金として日本銀行に資金が吸収される。

1

問1 ③

解説 aとbは政策が逆である。

問2 ②

解説 1950年にはじまった朝鮮戦争が，アメリカ軍からの特需をもたらした。

問3 ③

解説 1960年の13.5％が最高。この年，池田内閣が「国民の所得を10年間で2倍にする」ことを目標とした。

問4 ⑦

解説 1973年の第4次中東戦争がきっかけ。

問5 ④

解説 労働の民主化は終戦直後に実施された。

問6 ②

解説 ①は2000年，②は1968年，③は1994年，④は2004年制定。

問7 ③

解説 ①は公害防止事業費事業者負担法，②は公害健康被害補償法，④は大気汚染防止法と水質汚濁防止法。

問8 社会法

解説 ほかにも生活保護法などで国家の積極的な関与が規定されている。

2

問1 1 持続可能性 2 少子高齢化

解説 1 現在の人々が利益を受けながら，将来の世代も恩恵を得ることができるような状態のこと。

問2 ③

解説 ほかに太陽光・風力・バイオマスなど。

問3 裁量労働制

解説 業務の時間配分は労働者の裁量にまかせる。

問4 (1) 食料安全保障
　　 (2) （例）農産物の栽培だけでなく，加工や販売なども行う形態。

解説 (1)6次産業とは，第一次産業（農業等）だけでなく，第二次産業（加工業等），第三次産業（販売等サービス業）も含めて行う産業である。

問5 ②

解説 15歳未満の児童の労働は労働基準法で禁止されている。

問6 ①

解説 社会保険は保険料収入を中心としているが，足りない分は国や自治体が負担している。

1

問1 ノン・ルフールマン（の）原則

解説 このほか難民には，食料・衣服・住居などの支援を受ける権利があたえられている。

問2 X ③ Y ②

解説 ①は部分的核実験禁止条約，④は包括的核実験禁止条約の内容。

問3 公海自由

解説 どの国の統治もおよばない海域を公海という。

問4 (1) 新戦略 (2) ④

解説 ＮＡＴＯは他国に対する武力攻撃を，国連の決定なしで行うことを宣言している。

問5 ②

解説 ＰＫＯ協力法の制定以前，政府は自衛隊の海外出動は憲法上許されないとしてきた。

問6 有事法制

解説 外国から攻撃を受けた場合などの緊急事態に対処するため，武力攻撃事態法などの法整備がなされた。

問7 武力攻撃事態法

解説 有事法制で定められた武力攻撃事態法が，2015年に改正され，集団的自衛権の行使が可能になった。

2

問1 1 世界人権宣言 2 国際人権規約

解説 2人種・宗教的少数者の権利も保障した。

問2 （例）経済制裁だけでなく，軍事的措置を含む制裁を行うことができるから。

解説 国際連盟にはなかった，軍事的措置を含む強力な制裁を行うことができる点に触れること。

問3 ①

解説 ②は1957年開催の核廃絶に向けた科学者の会議，③は国際協力機構，④はアフリカ開発会議。

問4 (1) 女性差別撤廃条約 (2) 子どもの権利条約
(3) 人種差別撤廃条約 (4) 障害者権利条約

解説 (1)の批准に向け男女雇用機会均等法，(4)の批准に向け障害者差別解消法など国内の法整備が行われた。

問5 個人通報制度

解説 Ａ・Ｂ両規約には一部を留保して1979年に批准。

問6 ④

解説 ①個々の国家が国際法を尊重することによって，国際法は遵守される。②排他的経済水域は国家の領域に含まれない。③国際慣習法は，すべての国際法上の国家の間で適用される。

1

問1 (1)A 垂直的 B 水平的
(2) リカード

解説 (1)Ａ工業製品と農産物や原材料などの1次産品を交換する。Ｂ種類の違う工業製品を交換しあう。

問2 金融収支

解説 日本の金融収支は，対外資産（外国に対して保有する資産）が増加する状態（黒字）を示している。

問3 (1) ① (2) 390 (3) 360 (4) ②

解説 外国通貨と交換できる円の額が少なくなる変化は，円高を示す。(2)は30,000×130，(3)は30,000×120で計算する。

問4 ③→②→①

解説 ③は1944年，②は1971年，①は1976年である。

問5 （例）生産規模を拡大したときに，その規模以上に産出量が増大すること。

解説 規模の経済性は，スケールメリットともいう。生産規模が拡大すると製品の生産コストが低下することから産出量が増大する。

問6 ②

解説 日本企業の海外進出が拡大したことで，国内の製造業が衰退した。

2

問1 ④

解説 ＧＤＰを人口で割って比較する。

問2 ①

解説 欧州連合条約ともいう。

問3 ③

解説 地域協力→ＦＴＡ（自由貿易協定）→関税同盟→経済同盟の順に統合の程度が強い。

問4 ④

解説 ①はＮＩＥＳ，②・③は中国について。

問5 ロシア，中国

解説 ＡＰＥＣは太平洋周辺諸国が特定の課題について協議する枠組みである。

問6 (1) ③ (2) ① (3) ②

解説 ④は海洋汚染についての説明。

問7 ④

解説 ＯＤＡ（政府開発援助）は，軍事力によらない国際貢献として，重要な外交手段となっている。

MEMO

MEMO

MEMO

年	組	番	
年	組	番	

A1XTS